Positives Denken to go

Mit nur 10 Minuten am Tag zu deutlich mehr Glück finden, effektiv Stress abbauen und Ihr Selbstbewusstsein stärken

Akio Fischer

Haftungsausschluss und rechtliche Hinweise:

Alle Quellen und Studien, die zur Erstellung dieses Buches herangezogen wurden, wurden vorher ausgiebig überprüft und für qualitativ hochwertig befunden. Dennoch erfolgt die Umsetzung der darin vorgestellten Methoden auf eigenes Risiko. Der Verlag und der Autor können weder Haftung für Personen-, Sach- oder Vermögensschäden übernehmen, noch für die Richtigkeit und Aktualität der hier enthaltenen Informationengarantieren.

Beachten Sie, dass der Inhalt dieses Werkes auf der persönlichen Meinung des Autors basiert, zum Unterhaltungszweck dient und nicht mit medizinischer Hilfe gleichgesetzt werden darf. Bitte befragen Sie Ihren Arzt zu den in diesem Buch vorgestellten Empfehlungen, bevor Sie diese befolgen. Eine Garantie für das Erreichen der Ziele wird weder vom Autor, noch vom Verlag übernommen.

Des Weiteren enthält dieses Buch Links zu anderen Webseiten, auf deren Inhalt wir keinen Einfluss haben und damit keine Gewähr übernehmen können. Zum Zeitpunkt der Erstellung dieses Buches konnten keine Rechtsverstöße verlinkter Webseiten entdeckt werden.

Inhaltsverzeichnis

Vorwort

Ist Ihr Glas halb leer oder halb voll? Fokussieren Sie sich zu sehr auf das Negative und es fällt Ihnen schwer, die positiven Aspekte des Lebens zu erkennen? Sie grübeln viel über vergangene Ereignisse nach und darüber, was Sie falsch gemacht haben? Sie schaffen es nicht, die ständig aufkommenden negativen Gedanken zu stoppen und Ihre Denkweise in eine positive Richtung zu lenken?

Wie Sie diese uralte Frage nach dem halb vollen oder halb leeren Glas beantworten, spiegelt Ihre Lebenseinstellung wider, Ihre Einstellung zu sich selbst und ob Sie optimistisch oder pessimistisch sind. Diese Denkweisen können sogar Ihre Gesundheit beeinträchtigen.

Positives Denken, das üblicherweise mit Optimismus einhergeht, ist ein wesentlicher Bestandteil eines effektiven Stressmanagements. Positive Denkfähigkeiten sind durch simple Strategien lernbar. Es verhält sich dabei wie bei jeder neuen Fähigkeit, die Sie erlernen, Sie gehen einen Schritt nach dem anderen in Richtung positives Denken. Sie steigern Ihr Selbstbewusstsein, empfinden mehr Lebensfreude und Glück im Alltag. Sie können Stress abbauen und Ängste überwinden. Mit simplen Methoden erlernen Sie eine optimistische Denkweise und wie Sie Ziele motivierter angehen und einfacher erreichen.

Ich selbst durchlebte eine lange Phase in meinem Leben, in der ich den ganzen Tag im Bett lag und von starken Selbstzweifeln geplagt wurde. Ich war demotiviert und fühlte mich durch die ständigen negativen Gedanken wie gelähmt. Ich beschäftigte mich sehr intensiv damit, wie ich diesen Teufelskreis durchbrechen kann. Schritt für Schritt trainierte ich meinen Verstand darauf, positiv und lösungsorientiert zu denken. Ich wurde wieder motivierter, es gelang mir, ein starkes Selbstvertrauen aufzubauen und ich habe gelernt, mich selbst zu lieben. Das erzähle ich nicht um anzugeben, sondern um zu zeigen, dass Sie eine positive Grundeinstellung entwickeln können, egal in welcher Situation Sie sich befinden.

Ich möchte meine Erfahrungen mit Ihnen teilen und dabei helfen, die Dunkelheit der negativen Gedanken zu durchbrechen. Ich weiß, wie schwer es sein kann, positiv zu denken und sich nicht mehr von den schlechten Seiten des Lebens kontrollieren zu lassen. In diesem Buch gebe ich Ihnen praxisnahe Strategien an die Hand, die ich selbst erfolgreich angewendet habe und die wirklich funktionieren.

Diese Strategien werden Ihr Denken in eine lebensbejahende Richtung lenken, Sie lernen in Einzelschritten, wie Sie Mal für Mal weniger negative Gedanken zulassen, Ihre Einstellung wird immer positiver und Sie gehen dadurch mit mehr Lebensfreude durch das Leben.

Jetzt ist der beste Zeitpunkt, um mit einer Umprogrammierung Ihrer Gedanken zu beginnen. Viel zu lange haben eine negative Einstellung und Schuldgefühle Ihr Leben negativ beeinflusst. Je schneller Sie aktiv werden und die Kontrolle über Ihre Gedanken selbst in die Hand nehmen, desto schneller können Sie sich ein glückliches und erfülltes Leben erschaffen. Lassen Sie uns loslegen!

1. Warum Ihre Gedanken das mächtigste Werkzeug für ein glückliches Leben sind

Es ist Vorsicht dabei geboten, wenn es um unsere Gedanken geht, denn die Erwartungen oder Sorgen, die wir haben, werden meist Wirklichkeit. Unser Erfolg oder Misserfolg, das eigene Glück oder Unglück hängen oft davon ab, ob wir eine optimistische oder pessimistische Lebenseinstellung haben. Wie heißt es so schön: Der Glaube kann Berge versetzen! Jedoch hat dies alles nichts damit zu tun, dass wir unsere eigene Zukunft voraussehen können. Warum wird unser gesamtes Leben so sehr von unseren Gedanken beeinflusst?

Ein Experiment gibt uns die Antwort auf diese Frage. In einem Versuch wurden Personen verschiedene Bilder von anderen Menschen gezeigt, die sie als sympathisch oder unsympathisch einstufen mussten. Anschließend telefonierte ein Teil der Versuchspersonen mit denen, die sie als ansprechend empfanden. Die andere Gruppe sollte mit den als unsympathisch bewerteten Menschen am Telefon sprechen.

Diejenigen, die mit den als sympathisch bewerteten Personen telefonierten, verhielten sich bei dem Gespräch sehr freundlich, lebhaft und sogar humorvoll. Die andere Gruppe, die davon ausging, dass sie mit den als unsympathisch empfundenen Menschen sprechen, waren kühl, desinteressiert und abweisend. Entsprechend fiel die Reaktion der Gesprächspartner aus.

Dieser Versuch zeigt deutlich, wie sehr unsere Erwartungen und Gedanken unser Verhalten beeinflussen. Wir sind uns dessen meist nicht bewusst und wundern uns über eine entsprechend negative Resonanz. Wir fühlen uns in unserer Erwartung bestätigt, obwohl wir eine bestimmte Reaktion selbst hervorgerufen haben. Haben Sie nicht oft schon gedacht: „Ich habe es kommen sehen“? Wie begegnen Sie einem Menschen, der Ihrer subjektiven Meinung nach etwas gegen Sie hat, ob es der Wahrheit entspricht oder nicht? Unterbewusst verhalten Sie sich kühl, reserviert, wenn nicht sogar unhöflich. So ist es kein Wunder, dass Sie diese Person nicht mag.

Unsere Erwartungen haben einen erheblichen Einfluss darauf, wie wir andere wahrnehmen. Wir neigen dazu, uns schnell ein Urteil über andere zu bilden und nicht selten begegnen wir unseren Mitmenschen mit Vorurteilen. Haben Sie sich erst einmal ein Bild von jemandem gemacht, nehmen Sie nur noch die Eigenschaften dieser Person wahr, die Sie sehen möchten, die mit Ihrer Überzeugung übereinstimmen. Selbst wenn dieser Mensch etwas tut, das Sie von ihm nicht erwartet hätten, ist die Chance sehr groß, dass sie es gar nicht bemerken. Sie fühlen sich in Ihrer Meinung bestärkt, wenn jemand beispielsweise unpünktlich ist und Sie den Eindruck haben, dass man sich auf diese Person nicht verlassen kann. Kommt sie pünktlich zu einem Termin, registrieren Sie es gar nicht.

Diese „Verurteilung“ von Personen kann sich auf das ganze Leben übertragen lassen. Wenn Sie der Meinung sind, dass Ihnen das Leben nicht viel zu bieten hat, werden Sie hauptsächlich die Momente wahrnehmen, in denen etwas schiefläuft. Geht alles glatt, denken Sie darüber nicht nach. Sie sind somit in Ihren eigenen Gedanken gefangen, Sie lassen keinen Raum für positive Überraschungen, da Sie diese gar nicht erst wahrnehmen.

Die meisten depressiven Menschen sind davon überzeugt, nichts in ihrem Leben erreicht und versagt zu haben. Sie sind der festen

Meinung, dass Ihr Leben von Misserfolgen und Fehlern überlagert ist. Selbst Situationen, in denen sie vorher glücklich waren und etwas erreicht haben, können sie in diesem Moment nicht mehr als Erfolge sehen. Es ist sehr schwer, aus diesem dunklen Loch der negativen Selbsteinschätzung und Sicht des Lebens wieder heraus zu kommen.

Gleiches gilt, wenn Ihre Gedanken ständig um Dinge kreisen, die passieren könnten. Sie konzentrieren sich so sehr darauf, was alles schieflaufen könnte, dass Sie unterbewusst danach handeln und sich Ihre Befürchtungen erfüllen. Sie sind, was Sie denken. Sie wirken auf andere so, wie Ihre Gedanken sind.

Welche Kraft Ihre Gedanken haben können und was Sie mit positivem Denken alles erreichen können, zeigt ein anderes Experiment: Zwei Schulklassen wurden zwei Lehrern mit den Worten übergeben, dass die Schüler der ersten Gruppe äußerst intelligent sind, während man dem Lehrer der zweiten Gruppe mitteilte, dass es sich lediglich um durchschnittliche Schüler handelt. In Wahrheit waren jedoch in beiden Klassen ganz normale Schüler.

Sie können sich das Ergebnis sicherlich vorstellen. Tatsächlich waren die Leistungen der Klasse, die dem Lehrer als überdurchschnittlich gut angekündigt wurde, nach einigen Monaten um einiges besser als die andere. Interessant ist aber auch, dass die Schüler, die vorab als normal intelligent eingestuft wurden, sogar unter dem Durchschnitt lagen. Die mangelnde Motivation des Erziehers hat sich somit auf die Leistungen der Klasse übertragen, während der Lehrer mit den vermeintlich klugen Schülern sehr viel mehr Geduld aufwies und diese verstärkt motivierte. Er glaubte von Anfang an an die Kinder und übertrug seine positive Einstellung auf die gesamte Schulklasse.

Ganz ähnlich verhält es sich bei der Annahme, jemand sei vom Pech verfolgt. Diese Person rechnet immer mit dem Schlimmsten, und je mehr sie aufpasst, ja regelrecht darauf wartet, dass etwas geschieht, desto wahrscheinlicher wird es passieren. Selbst wenn negativ eingestellten Menschen etwas Gutes widerfährt, können Sie es oft nicht wahrnehmen oder anerkennen. Sie fokussieren sich so sehr auf negative Ereignisse, dass diese immer mehr Gewichtigkeit haben.

Sie mögen nun argumentieren, dass Sie beginnen, schlecht zu denken, wenn Sie Pech haben und nicht, dass das Unglück zu Ihnen kam, weil Sie negativ eingestellt sind. Versuchen Sie es mit positiven Gedanken. Ja, Sie hatten heute Pech, doch morgen ist ein neuer Tag und Sie werden Erfolg haben oder etwas Tolles erleben. Sie geben negativen Gedanken keinen Raum. Vielleicht funktioniert es nicht sofort, eventuell lassen Sie unterbewusst zu viel Platz für Zweifel und Negativität, doch wenn Sie es weiterhin versuchen, werden Sie sehen, dass es gelingt. Denken Sie noch einmal darüber nach, was zuerst vorherrschte: das Pech oder die negativen Gedanken? Sie werden sicherlich zugeben müssen, dass es die pessimistische Denkweise schon vor dem Ereignis gab.

Bei der Erreichung von persönlichen Zielen ist eine positive Denkweise ganz besonders ausschlaggebend. Wenn Sie sich von Beginn an einreden, dass Sie etwas nicht schaffen, werden Sie es auch nicht bewältigen. Damit nehmen Sie sich selbst die Chance auf Erfolg. Wer der Überzeugung ist, dass er etwas nicht kann, bleibt passiv und unternimmt nicht viel, um sein Ziel zu erreichen. Bei dem kleinsten Hindernis sehen Sie sich darin bestätigt, dass Sie zum Scheitern verurteilt sind und geben auf. Auch Optimisten müssen Hürden überwinden und haben Schwierigkeiten auf dem Weg zum Erfolg. Der Unterschied liegt jedoch darin, dass sie an sich glauben, motiviert sind und sich anstrengen, um ihr Ziel zu erreichen. Hindernisse und Rückschläge werden von positiven Menschen nicht als solche angesehen, sondern als eine Möglichkeit zu lernen und es danach besser zu machen.

Ein weiterer Beweis dafür, wie sehr uns unsere Gedanken beeinflussen, ist der Placebo-Effekt. Sie kennen sicherlich die Studien, bei denen ein Teil der Versuchspersonen Medizin einnimmt, während die anderen eine Pille ohne jeden Effekt erhalten. Diejenigen, die annahmen, sie hätten ein Schmerzmittel eingenommen, wobei es sich jedoch in Wahrheit um ein Placebo handelte, spürten dennoch keinen Schmerz mehr. Die Wirksamkeit eines Placebos war in vielen dieser Untersuchungen genauso hoch wie die des tatsächlichen Medikamentes. Der Glaube an etwas kann somit sogar unsere körperlichen Eigenschaften beeinflussen. Diese Überzeugung kann so weit gehen, dass sich der Körper selbst heilt.

Wie viel Macht unsere Gedanken über uns ausüben, zeigt sich im weiteren Beispiel der Hypnose. Sagt man einem hypnotisierten Menschen, dass das Wasser in der Schüssel vor ihm kochend heiß wäre und er würde einen Finger hineinstecken, würden sich tatsächlich Brandblasen bilden – auch wenn das Wasser kalt ist. Ebenso fängt jemand unter Hypnose an zu schwitzen, obwohl es im Raum kühl ist, wenn man ihm sagt, dass in dem Zimmer über 40 Grad herrschen. Auch ohne Hypnose sind Ihre Gedanken so mächtig, dass Sie tatsächlich schwach sind, wenn Sie sich dies einreden.

Der mangelnde Glaube an Sie selbst und Ihre Fähigkeiten kann Sie davon abhalten, Ihre Ziele zu erreichen. Auch wenn Sie eine wunderschöne Stimme haben, Sie aber fest der Überzeugung sind, dass Sie nicht singen können, werden sie sicherlich keinen einzigen korrekten Ton hervorbringen. Jeder hat Talente und Fähigkeiten. Der Unterschied zu erfolgreichen Menschen ist jedoch der, dass diese sich nicht nur auf ihre Begabung verlassen, sondern auch fest an sich und Ihr Vorhaben glauben. Sie lassen sich nicht von Rückschlägen davon abhalten, es weiter zu versuchen und geben niemals auf. Optimisten sind meist nicht intelligenter oder talentierter als ander, sie wissen jedoch um die Kraft des positiven Denkens und erlauben den eigenen Zweifeln nicht, sie zu sabotieren.

Das Gesetz der Anziehung

Das Gesetz der Anziehung ist äußerst populär und es verspricht, das Leben vollkommen zu verändern. Handelt es sich bei dem berühmten „Law of attraction“ nur um einen weiteren spirituellen Trend oder funktioniert es tatsächlich?

Bei dem Gesetz der Anziehung geht es um die Visualisierung des eigenen Lebens, so wie man es möchte. Man stellt sich vor, was und wen man gerne in seinem Leben hätte und wie von Geisterhand wird dann alles Wirklichkeit. Das klingt kinderleicht und zu schön, um wahr zu sein. Die meisten Menschen reagieren mit den Argumenten, dass jeder das hätte, was er sich wünscht, wenn dieses Gesetz so einfach funktionieren würde. Nun, ganz so einfach, wie es sich anhört, ist es nicht. Wendet man es jedoch richtig an, funktioniert es tatsächlich.

Der Grundgedanke dieser Strategie ist, dass Gleiches Gleiches anzieht und wir mit unseren Gedanken die Kontrolle darüber haben, wie unser Leben aussieht. In der Psychologie wird das Gesetz der Anziehung unbewusste Zielbeeinflussung genannt. Es ist vergleichbar mit einem Briefkasten: Sie möchten einen Brief versenden, Ihr Gehirn erhält das Signal „Brief verschicken". Sofort sucht es nach Möglichkeiten, wie die Post verschickt werden kann, ohne dass wir es bewusst registrieren. Sie gehen nach draußen und plötzlich stechen Ihnen überall Briefkästen ins Auge, die Sie zuvor noch nie wahrgenommen hatten. Oder Sie interessieren sich für ein bestimmtes Auto und siehe da, Sie sehen plötzlich einige davon auf der Straße, obwohl das Modell vorher vollkommen neu für Sie war. Was passiert also in Ihrem Gehirn?

Wir empfangen viel zu viele Informationen, die unser Gehirn gar nicht verarbeiten kann. Somit sortiert es nach Wichtigkeit der Mitteilung aus. Indem Sie explizit und wiederholt an etwas denken, stuft es unser Gehirn als besonders wichtig ein und speichert diese Information in unserem Unterbewusstsein. Es handelt sich zwar um eine äußerst hilfreiche Funktion, jedoch klappt das leider auch mit negativen Informationen. So können Gedanken auch mit Angst, Wut und Verzweiflung in Verbindung gebracht und in gleicher Art und Weise in unserem Unterbewusstsein gespeichert werden.

Es ist der Job unseres Gehirns, für unser Überleben zu sorgen. Somit muss es blitzschnell zwischen wichtigen und unwichtigen Informationen selektieren. Es fokussiert sich auf die Reize in unserer Umgebung, die gerade relevant sind. Wenn Sie beginnen, etwas Bestimmtes zu visualisieren, das Sie erreichen möchten, erzeugen Sie positive Gefühle, die das Gehirn registriert und im Unterbewusstsein speichert. Es bekommt das Signal, dass uns diese Information, diese Emotion wichtig ist und teilt ihm Priorität zu. Damit werden wir für das von uns gewünschte Ereignis sensibilisiert und wir nehmen plötzlich Chancen und Möglichkeiten wahr, die uns zu unserem Ziel führen können. Sobald wir einen Weg zu diesem Ziel sehen können, beginnen wir entsprechend zu handeln. Unser Verstand verhält sich wie bei der Speicherung der Information „Brief versenden". Hat es beispielsweise die Information „Traumpartner finden" gespeichert und in Ihrem Unterbewusstsein verankert, beginnt Ihr Gehirn damit, die Lösung zu diesem Ziel zu finden. Ihre Gedanken und Ihr Körper kommen in Gang und bewegen sich auf Ihr Ziel zu. Durch eine regelmäßige Visualisierung programmieren Sie Ihr Gehirn genau in die richtige Richtung.

Wenn Ihnen die psychologische Sicht zu trocken und zu wissenschaftlich ist, kann das Gesetz der Anziehung auch auf spiritueller Ebene erklärt werden. Spirituell gesehen handelt es sich dabei um Energie, die auf verschiedenen Frequenzen schwingt. Negative Gefühle wie Angst, Traurigkeit und Wut schwingen auf einer niedrigen Frequenz. Positive Emotionen wie Liebe, Freude, Glück schwingen auf höheren Frequenzen. Da jeder Mensch aus Energie besteht, senden und empfangen wir Schwingungen – auf verschiedenen Frequenzen. Die gleichen Schwingungen, die wir aussenden, ziehen wir an. Und so funktioniert es bei der Visualisierung. Durch die Wunschvorstellungen, die uns ein gutes Gefühl geben, senden wir in hohen Frequenzen Schwingungen aus. Somit kommt Gleiches zurück.

Egal, welche Erklärungen es für das Gesetz der Anziehung gibt, Fakt ist, dass es funktioniert. Es kann auf keinen Fall schaden, es auszuprobieren. Sie werden durch das Visualisieren achtsamer und bewusster und Sie bekommen eine allgemein positivere Einstellung zum Leben. Wie genau diese Visualisierung funktioniert und worauf Sie dabei achten sollten, erfahren Sie im vorletzten Kapitel.

2. Der Lifehack, mit dem Sie alles im Leben deutlich positiver sehen

Auf einer Weide in China standen Pferde eines Bauern. Eines Tages sprang eines seiner Pferde über den Zaun und galoppierte davon. Die Einwohner des Dorfes kamen zum Farmer und sagten: „Was für eine Schande, du hast ein Pferd verloren!“ Der Bauer antwortete mit „Vielleicht.“

Am nächsten Tag kam das Pferd des Bauern zurück und brachte fünf Wildpferde mit sich. Die Dorfbewohner liefen herbei und riefen aufgeregt: „Wie großartig! Dein Pferd ist zurück und Du hast nun sogar fünf Pferde mehr!“ Der Bauer antwortete nur mit „Vielleicht“.

Am darauffolgenden Tag beschließt der Sohn des Bauern, eines der neuen Wildpferde zu zähmen, indem er es einreiten wollte. Es bockte und warf ihn ab. Dabei brach sich der Sohn des Bauern ein Bein. Die Dorfbewohner eilten herbei und riefen: „Was für eine Schande, dein Sohn hat sich das Bein gebrochen!“ Der Bauer antwortete mit „Vielleicht.“

Am letzten Tag kam die chinesische Armee in das Dorf, um junge Männer als Soldaten für den Krieg zu rekrutieren. Der Sohn des Bauern konnte nicht in die Armee eingezogen werden, da sein Bein gebrochen war. Die Dorfbewohner waren erfreut und riefen: „Was für ein Glück, dein Sohn muss nicht zur Armee!“ Der Bauer entgegnete mit „Vielleicht“.

Diese Geschichte zeigt, dass unsere Welt und das, was geschieht, so viel komplexer ist, als es auf den ersten Blick scheint. Alle unsere Aktionen lösen eine Kettenreaktion aus, egal ob diese Handlungen Gute oder Schlechte sind. Es ist unmöglich, die Folgen eines Unglücks abzusehen, genauso wie die des Glücks. Aus einem Elend kann sich ein glücklicher Umstand entwickeln.

Das Schicksal lieben lernen

Der große deutsche Philosoph Friedrich Nietzsche beschrieb seine Formel für menschliche Größe als Amor Fati - eine Liebe zum Schicksal. Er erklärt es folgendermaßen:

> *„Nichts anderes zu wünschen als das, was ist: nicht vorwärts, nicht rückwärts, nicht in aller Ewigkeit. Nicht nur das Notwendige ertragen, noch weniger verbergen ... sondern es lieben. "*

Die Stoiker waren mit dieser Haltung nicht nur vertraut, sondern sie lebten sie auch. Epictetus, der als verkrüppelter Sklave Widrigkeiten nach Widrigkeiten ausgesetzt war, schrieb:

> *„Suche nicht danach, dass die Dinge so geschehen, wie du es möchtest. Wünsche dir lieber, dass das, was passiert, so passiert, wie es passiert: Dann wirst du glücklich sein."*

Amor Fati ist die stoische Denkweise, mit der Sie das Beste aus allem herausholen, das passiert: Behandeln Sie jeden einzelnen Moment, egal wie herausfordernd er sein mag, als etwas, das Sie umarmen und nicht vermeiden können. Nehmen Sie es nicht nur an, sondern lieben Sie es.

Nietzsches Formel für ein glückliches Leben ist die Liebe und Akzeptanz der Natur und der Art und Weise, wie die Welt funktioniert. Sie werden sich fragen, wie es möglich sein soll, die schlechten Dinge zu lieben, die Ihnen im Leben widerfahren. Natürlich möchten Sie ein großartiges Leben führen.

Wenn wir akzeptieren, was mit uns passiert, nachdem wir verstanden haben, dass bestimmte Dinge außerhalb unserer Kontrolle liegen, geschieht folgendes: Wir lieben, was auch immer mit uns geschieht, und begegnen allem mit Zuversicht und Stärke. Wir müssen die Tatsache akzeptieren, dass alle Ereignisse aus einem bestimmten Grund geschehen und dass es an uns alleine liegt, ihn als positiv zu betrachten.

Ein Beispiel zur Veranschaulichung: Ein Pferd zieht einen Karren. An diesem Fuhrwerk ist ein Hund angeleint. Das Pferd bewegt den Karren stets vorwärts und der Hund muss ihm folgen, da seine Bewegungsfreiheit durch die Leine eingeschränkt ist. Ein weiser Mensch ist wie ein glücklicher Hund, der fröhlich neben dem Wagen entlangläuft. Er freut sich über die Bewegung, die frische Luft und liebt sein Leben. Ein dummer Mensch ist wie ein verzweifelter Hund, der versucht, sich gegen seine Einschränkung zu wehren. Er zieht gegen die Fahrtrichtung, wird hinterhergeschleift und er hasst das Leben.

Tun Sie, was Sie innerhalb Ihrer Grenzen machen können, und seien Sie damit zufrieden. Machen Sie das Beste aus einer Situation, die Sie nicht ändern können. Der Hund, der sich mit all seiner Kraft wehrt, fällt hin, verletzt sich, ist unglücklich und gibt letztlich auf. Amor Fati heißt jedoch nicht, sich allem bedingungslos hinzugeben. Es gibt Dinge, die Sie kontrollieren können und Gegebenheiten, die Sie nicht in der Hand haben. Erkennen Sie, was Sie ändern können und was nicht. Lernen Sie das zu lieben, was Sie nicht ändern können, um Ihren Frieden zu finden und Ihre Energien nicht in das zu investieren, was sich nicht anders machen lässt. Wenn Sie sich dem widersetzen und wütend werden, wenden Sie viel zu viel Kraft in etwas auf, was die Natur ist. Sie erfahren keinen Vorteil daraus. Stecken Sie Ihre Energien stattdessen in das, was Sie ändern können.

Gleiches gilt für die Vergangenheit. Sie haben keine Kontrolle darüber, was bereits geschehen ist. Es macht keinen Sinn, sich dagegen zu wehren, dass Ihnen etwas Schlechtes zugestoßen ist. Sie können jedoch daraus lernen und das Beste aus einer Situation schaffen. Ein negatives Ereignis, das Ihnen in der Vergangenheit widerfahren ist, kann sich auf lange Sicht als gar nicht so schlecht entpuppen. Es könnte sogar das Beste sein, das Ihnen jemals passiert ist. Denken Sie daran, dass alle Aktionen, alle Geschehnisse einen Grund haben und eine Kettenreaktion auslösen. Eine schlechte Erfahrung von gestern kann die Basis für Ihr Glück von morgen sein. Sie haben die Wahl aufzugeben oder das Beste daraus zu machen. Wenn Sie ein Ereignis negativ sehen, fragen Sie sich, wie es vielleicht sogar das Beste sein kann, das ihnen jemals passiert ist.

3. Die Macht Ihres Unterbewusstseins und wie Sie es auf Glück und Erfolg programmieren

Jeder hat Angewohnheiten, die er gerne loswerden würde. Sie gehen beispielsweise regelmäßig spät abends zum Kühlschrank, um sich einen Snack zu holen? Dabei würden Sie gerne ein paar Kilos abnehmen. Oder Sie machen bei einer Routinetätigkeit immer wieder den gleichen Fehler? Es ist nicht einfach, eingefahrene Gewohnheiten loszuwerden. Sie sind so tief in Ihrem Unterbewusstsein verankert, dass es schier unmöglich erscheint, dagegen anzukommen.

Ihr Unterbewusstsein ist ein sehr leistungsfähiges Tool, das Ihr Leben erheblich beeinflusst. Das Gehirn steuert Tätigkeiten und Verhaltensweisen so, dass Sie Dinge tun, ohne darüber nachdenken zu müssen. Es lernt im Laufe des Lebens wichtige Funktionen, die es automatisch ausführt, um Ihr Dasein zu erleichtern. In der Praxis sieht es leider so aus, dass unser Gehirn nicht nur praktische und nützliche Dinge lernt und in unserem Unterbewusstsein speichert, sondern auch solche, die sich negativ auf uns auswirken können.

Doch keine Angst, genauso wie die schlechten Angewohnheiten in Ihrem Unterbewusstsein abgespeichert wurden, können sie ebenso wieder „entfernt“ werden. Hierzu müssen Sie lediglich Ihr Gehirn „umprogrammieren“. Es ist ein wenig wie bei einem Computer: Sie löschen ein Programm und denken, die Dateien seien vollkommen verschwunden. Jedoch bleiben immer Teile des Programms zurück. Die effektivste Methode, um etwas komplett auf Ihrem Laptop zu löschen, ist das Überschreiben der Daten. Und so in etwa funktioniert es auch mit Ihrem Gehirn.

Was ist das Unterbewusstsein überhaupt?

Ihr Verstand besteht aus zwei Hauptteilen: Ihrem Bewusstsein und Ihrem Unterbewusstsein.

Das Bewusstsein enthält alle Gedanken, Erinnerungen, Gefühle und Wünsche, die uns zu jedem Zeitpunkt bewusst sind. Dies ist der Aspekt unserer mentalen Verarbeitung, über den wir rational nachdenken und sprechen können. Es schließt auch unser Gedächtnis ein, das nicht immer Teil des Bewusstseins ist, sondern schnell abgerufen und ins Bewusstsein gebracht werden kann. Es ist dann aktiv, wenn Sie sich in einem aufmerksamen Zustand befinden und Sie die Dinge um sich herum bewusst wahrnehmen. Das Bewusstsein hilft uns dabei, Entscheidungen zu treffen.

Das Unbewusste ist ein Reservoir von Gefühlen, Gedanken, Trieben und Erinnerungen, die außerhalb unseres Bewusstseins liegen. Es kann auch Inhalte haben, die weniger gewollt und unangenehm sind, wie z. B. Schmerz, Angst oder Zweifel.

Das Unterbewusstsein verhält sich passiv, es liegt nicht in unserer Kontrolle, was dort geschieht. 95 Prozent unserer Gedanken werden unterbewusst kontrolliert, also fast unser ganzes Leben.

Ein gutes Beispiel dafür, wie das Unterbewusstsein arbeitet, sind Freudsche Versprecher. Dabei handelt es sich um etwas, das Sie unbedacht sagen, das Sie für falsch halten oder das im Kontext nicht zu passen scheint. Allerdings sind es unbewusste Gedanken oder Gefühle, die durch einen Auslöser von Ihrem Unterbewusstsein in das Bewusstsein geraten. Sie sprechen zum Beispiel über Ihren aktuellen Partner, verwenden jedoch versehentlich den Namen Ihres Ex-Partners. Viele argumentieren, so etwas geschehe aus reiner Gewohnheit oder es handle sich schlichtweg um einen Fehler. Freud glaubte jedoch, dass diese Ausrutscher ein plötzliches Eindringen des Unterbewusstseins in das Bewusstsein ist, ausgelöst durch unterdrückte Gefühle.

Es ist wieder wie bei Ihrem Computer. Im Hintergrund werden viele Befehle ausgeführt, die für die Anzeige eines Bildes notwendig sind. Genauso funktioniert unser Gehirn. Es bekommt den Befehl: Trinken. Wir denken nicht darüber nach, was wir tun müssen, um das Getränk zu uns zu nehmen. Wir halten es automatisch in der Hand, führen es zu unserem Mund und trinken die Flüssigkeit. All die Schritte, die ausgeführt werden müssen, um Wasser zu uns zu nehmen, werden von unserem Unterbewusstsein gesteuert. Es weiß genau, was es zu tun hat, denn es hat diese Abläufe im Laufe der Zeit gelernt und abgespeichert. Jede Aktion, die wir ausführen, somit auch jede Angewohnheit, die Sie haben, sind erlernt und das Resultat von Programmierungen Ihres Unterbewusstseins. Das Gehirn kann anhand konkreter Ereignisse erkennen, dass es nun eine gewisse Handlung durchführen muss. Diese Auslöser können ein bestimmter Ort sein, eine Uhrzeit oder auch eine Person, die automatisch gewisse Vorgänge hervorrufen.

Jedoch werden aus unserem Unterbewusstsein nicht nur physische Reaktionen aufgerufen, sondern auch emotionale. Ein gutes Beispiel sind Ängste. Sie fürchten sich vor Hunden und wenn Sie einem auf der Straße begegnen, fühlen Sie sich sofort ängstlich. Entsprechend werden Ihre Gedanken und Emotionen über das Unterbewusstsein gesteuert, wie Sie über andere oder sich selbst denken. Auch hier handelt es sich um eine Angewohnheit. Eine schlechte mentale Eigenart kann sein, dass Sie sich zu sehr auf Ihre Probleme konzentrieren, anstatt Ihren Fokus auf die Lösung zu lenken. Wenn Ihnen etwas Schlechtes widerfährt, verfallen Sie dann in die Opferrolle, Sie verhalten sich passiv. Wenn es möglich ist, Ihr Unterbewusstsein mit negativen Eigenarten zu programmieren und damit sich selbst zu manipulieren, haben Sie auch die Möglichkeit, Ihre Gedanken so weit zu kontrollieren, dass Sie positive Gewohnheiten speichern und aktivieren können.

Das Bewusstsein und das Unterbewusstsein beeinflussen sich gegenseitig. Wenn Sie also bewusst Ihre Gedanken wiederholt und gezielt auf etwas Bestimmtes lenken, wird es in Ihrem Unterbewusstsein gespeichert. Zwar ist das Bewusstsein der aktive Teil des Denkvermögens, jedoch werden die Tätigkeiten oder Gefühle, die wir aktiv und bewusst zur Ausführung beauftragen, von unserem Unterbewusstsein gefiltert. Das heißt, selbst wenn wir uns ganz bewusst sagen und damit den Befehl an unser Gehirn senden, „Ich habe keine Angst vor Hunden“, macht Ihnen Ihr Unterbewusstsein einen Strich durch die Rechnung, indem es den gespeicherten Filter hervorholt: „Ich habe Angst vor Hunden“. Wenn Sie Ihr Unterbewusstsein umprogrammieren, erhalten Sie die Kontrolle darüber, wie Sie sich fühlen, wovor Sie Angst haben, was Sie können, wen Sie mögen, wie viel Sie essen – alles, was Sie in Ihrer Geisteshaltung etablieren. Sie können Ihre Gedanken und Ihr Verhalten in die von Ihnen gewünschte Richtung lenken und somit ein Leben führen, das Sie sich wünschen.

Ist Ihr Unterbewusstsein „falsch“ programmiert, hat dies

erhebliche Folgen für Ihr bewusstes Verhalten. Haben Sie sich negative Denkweisen angewöhnt, lösen Sie damit automatische Reaktionen in Ihrem Bewusstsein hervor, die schädlich für Sie sind. Wie zum Beispiel, dass Sie sich einreden, dass Sie ein Ziel nicht erreichen können und Sie keinen Erfolg haben werden. Sie manipulieren sich selbst und Ihre Fähigkeiten damit so sehr, dass Sie fest daran glauben, dass Sie es nicht können – und Sie versuchen es erst gar nicht.

Um die Kontrolle über dieses negative Verhalten zu erlangen, sollten Sie damit beginnen, Ihr Bewusstsein zu steuern, den Schutzmechanismus Ihres Unterbewusstseins umzuprogrammieren. Grundlegend hierfür ist, dass Sie schädliche oder unerwünschte Verhaltens- und Gedankenmuster identifizieren und genau beobachten. Sie lernen dadurch, wann welche Aktionen durch was ausgelöst werden. Versuchen Sie sich selbst zu verstehen. Analysieren Sie, was passiert und warum. Dadurch fällt es Ihnen leichter, Ihre schlechten Angewohnheiten anzuerkennen, Sie verurteilen sich nicht dafür und fühlen sich deshalb nicht schlecht. Das heißt nicht, dass Sie Ihre negativen Eigenschaften bedingungslos akzeptieren und nichts dagegen unternehmen sollen. Sie anzuerkennen anstatt sich dagegen zu wehren macht es nur einfacher, sie zu ändern und eine positivere Einstellung zu sich selbst zu erhalten. Niemand ist perfekt und schließlich tun Sie nun etwas gegen Ihre negativen Gedanken. Es hilft niemandem, sich deshalb schlecht zu fühlen. Mit der Änderung Ihrer Denkweisen können Sie neue Ideen, Ziele und Denkrichtungen in Ihr Unterbewusstsein programmieren.

Da Ihr Gehirn nicht zwischen Realität und Einbildung unterscheiden kann, können Sie visualisieren, was Sie gerne erreichen möchten und damit Ihre Anschauungen in eine positive

Richtung lenken. Je öfter Sie positive Gedanken wiederholen, desto schneller werden sie zur Gewohnheit und sie speichern sich in Ihrem Unterbewusstsein ab. Sie sehen, dass sich das, was Sie denken, erheblich auf Ihr unterbewusstes Verhalten auswirkt. Wenn Sie sich immer wieder einreden, dass Sie etwas nicht können, handeln Sie entsprechend. Glauben Sie an sich und wiederholen Sie es so lange, bis es tief verankert ist, werden Ihre Aktionen in Richtung Zielerreichung gehen.

Durch das Visualisieren von Wünschen und das ständige Wiederholen positiver Gedanken stellen Sie die unerwünschten mentalen Eigenheiten ab und ersetzen sie durch Neue. Diese neue Betrachtungsweise wird zur Gewohnheit und Sie beginnen, unterbewusst danach zu handeln.

Wenn Sie nun einem Hund auf der Straße begegnen, sagen Sie sich nicht, „Ich habe Angst vor Hunden". Mit dieser Aussage bekräftigen Sie immer wieder Ihre Angst. Denken Sie stattdessen „Ich mag Hunde". Denken Sie daran, dass Ihr Unterbewusstsein nicht unterscheiden kann, ob es sich um die Realität handelt oder nicht. Lächeln Sie dabei, wenn Sie den positiven Gedanken formulieren. Anfangs werden Sie sicherlich Probleme haben, etwas in Gedanken zu formulieren, das offensichtlich gegen Ihre Erfahrung geht. Tauchen negative Gefühle auf, obwohl Sie im Kopf einen positiven Satz formulieren, wiederholen Sie ihn mehrmals. Tun Sie dies bei jeder Gelegenheit, selbst wenn Sie ein Bild von einem Hund sehen. Nach einiger Zeit werden Sie automatisch an diesen Satz denken, „Ich mag Hunde", ohne ihn bewusst aufrufen zu müssen. Sie werden vielleicht sogar von ganz alleine dabei lächeln. Sicherlich kennen Sie den Spruch: „Fake it til you make it!" – Tun Sie so als ob, bis Sie es schaffen!

Fangen Sie mit kleinen Angewohnheiten an. Sie werden erkennen, dass es funktioniert und Lust darauf bekommen, größere Umprogrammierungen in Angriff zu nehmen. Verlangen Sie jedoch nicht zu viel von sich und versuchen Sie, Ihre Gedanken so neutral wie möglich zu betrachten. Bleiben Sie auch realistisch. Wenn Sie nur 1,65 m groß sind, wird es Ihr Unterbewusstsein nicht schaffen, dass Sie plötzlich zehn Zentimeter wachsen. Versuchen Sie zu vermeiden, dass Sie Ihre Denkweisen interpretieren, denn damit kreieren Sie nur einen weiteren Filter für Ihre Sichtweise. Gehen Sie zudem nicht zu hart mit sich um. Nicht alle Angewohnheiten sind schlecht und letztendlich ist niemand perfekt. Konzentrieren Sie sich auf die Eigenschaften, die Ihre Lebensqualität negativ beeinflussen und lenken Sie Ihr Dasein in eine glückliche und zufriedene Richtung.

Wie genau die Umprogrammierung Ihres Unterbewusstseins funktioniert und welche Techniken Sie dafür einsetzen können, erfahren Sie im weiteren Verlauf des Buches.

4. Wie sich negative Glaubenssätze auf Ihr Leben auswirken und wie Sie diese auflösen

Glaubenssätze sind Überzeugungen, Einstellungen und Meinungen einer Person. Etwas, an das sie glaubt und für wahr hält. Diese Annahmen über uns selbst und darüber, wie die Welt um uns herum aussieht, sind von Mensch zu Mensch unterschiedlich. Glaubenssätze sind Interpretationen von Erfahrungen und früheren Erlebnissen. Sie sind ein wichtiges Tool in der neurolinguistischen Programmierung (NLP), die den Erfolg sowie den Misserfolg fördern können. In der Psychologie spricht man von dem Ergebnis individueller Wahrnehmungsfilter.

Je nachdem, welche Erfahrungen wir machen, entwickeln wir eine Meinung, die sich dann in eine bestimmte Annahme der Welt festigt. Dies geschieht meist unterbewusst. Unsere Glaubenssätze sind dafür verantwortlich, wie hoch oder niedrig unser Selbstwertgefühl ist, wie sich unsere sozialen Beziehungen gestalten oder wie erfolgreich wir im Beruf sind. Idealerweise machen wir positive Erfahrungen und speichern diese als Glaubenssatz in unserem Unterbewusstsein ab. Leider neigt der Mensch jedoch dazu, sich auf negative Ereignisse zu konzentrieren. Dafür gibt es einen guten Grund, denn das Hauptziel unseres Gehirns ist es, uns vor Gefahren zu schützen. Daher stuft es negative Erfahrungen als besonders wichtig ein und speichert diese, um bei künftigen Bedrohungen rasch reagieren zu können.

Bei der Aufnahme von Informationen geht unser Gehirn sehr

selektiv vor. Es wird ständig mit viel zu vielen Reizen überflutet, die es nicht verarbeiten kann. Also sortiert es nach Wichtigkeit, nimmt manche Details wahr und blendet andere aus. Auch wenn es ein Automatismus ist, den wir nicht unter Kontrolle haben, wird diese Selektion jedoch von unseren Gedanken beeinflusst. Was wir aktuell als wichtig empfinden, welche Ereignisse gemachte Erfahrungen bestätigen und was wir erwarten, wird vom Gehirn bevorzugt behandelt.

Negative Glaubenssätze werden erlernt. Dies geschieht meist durch unsere Eltern, die uns etwas vorleben und die üblicherweise eine Vorbildfunktion für uns haben. Besonders Erfahrungen, die wir als Kinder oder Jugendliche machen, verankern sich tief in unser Unterbewusstsein, aber auch alle Erfahrungen, die wir später machen. Diese gelernten negativen Glaubenssätze können durchaus aufgelöst werden, um das Leben zu verändern und in eine positive Richtung zu lenken. Der Schlüssel hierfür ist das Erkennen von negativen Überzeugungen. Dies gestaltet sich oft als sehr schwierig, da sie ein Teil von uns geworden sind, die wir oft gar nicht bewusst wahrnehmen. Sie scheinen schon immer da gewesen zu sein.

Wurde Ihnen als Kind immer wieder gesagt, dass Sie faul und nutzlos wären, prägt sich dies nachhaltig in Ihr Unterbewusstsein ein. Ob diese Aussage zutrifft oder nicht, Sie beginnen, es zu glauben und verhalten sich entsprechend. Tief verankerte negative Glaubenssätze wie diese können sich im Erwachsenenalter fatal auf das persönliche und berufliche Leben auswirken. Um dies zu verhindern, sollten solche Überzeugungen unbedingt aufgespürt und analysiert werden. Fragen Sie sich zudem, ob Sie Ihren Glaubenssätzen folgen möchten oder ob sie für Ihr Lebensglück hinderlich sind. Erst wenn Sie sich dafür entscheiden, dass Sie sich von Ihren negativen Überzeugungen trennen möchten, ist eine Auflösung möglich.

So Identifizieren Sie Ihre Glaubenssätze

Sie wissen nun, dass Ihre Glaubenssätze Überzeugungen sind, ein selbst gewähltes Motto oder eine Einstellung, der sie folgen. Sie können jedoch ein Wegweiser in die falsche Richtung sein und unser Leben sabotieren. Der Schlüssel liegt in der Identifizierung Ihrer negativen Glaubenssätze. Erst wenn Sie diese gefunden und analysiert haben, können Sie sie auflösen.

Die drei effektivsten Wege, Ihre Glaubenssätze zu finden:

1. Liste mit typischen negativen Glaubenssätzen

Dies ist die einfachste Möglichkeit, Ihre persönlichen Glaubenssätze zu finden. Denken Sie nicht allzu lange über die einzelnen Sätze nach. Entscheiden Sie spontan aus dem Bauch heraus, weniger mit Ihrem Verstand. Markieren Sie die, an die Sie glauben oder die auf Sie zutreffen.

1.Das Leben ist gefährlich.

2.Ich werde es nie schaffen.

3.Alle lachen über mich.

4.Keiner nimmt mich ernst.

5.Ich werde nie glücklich werden.

6.Undank ist der Welt Lohn.

7.Ich bin zu dick.

8.Ich bin zu ungeduldig.

9.Ich bin immer zickig.

10.Ich bin dumm.

11.Wer nicht jammert, wird nicht ernst genommen.

12.Allen anderen geht es besser.

13.Keiner mag mich.

14.Das Leben ist anstrengend.

15.Etwas stimmt nicht mit mir.

16.Erst die Arbeit, dann das Vergnügen.

17.Ich bin feige.

18.Die anderen meckern immer.

19.Ich bin nicht gut genug.

20.Ich habe nie Glück.

21.Glück im Spiel, Pech in der Liebe.

22.Ich bin ein schlechter Mensch.

23.Ich bin böse.

24.Ich muss mich anstrengen.

25.Ich muss die Zähne zusammenbeißen.

26.Ich muss tapfer sein.

27. Dafür bin ich zu alt / jung.

28. Ich trau mich nicht.

29. Warum passiert mir sowas ständig?

30. Keiner versteht mich.

31. Ich bin an allem schuld.

32. Keiner kann mir helfen.

33. Keiner hat mich lieb.

34. Meine Eltern sind an allem schuld.

35. Wenn ich keine Angst habe, passiert etwas Schlimmes.

36. Ich habe keine Zeit.

37. Ich habe kein Geld.

38. Ich weiß nicht, was ich eigentlich will.

39. Immer verliere ich.

40. Ich kann nicht… (bitte selbst ergänzen)

41. Ich bin nicht… (bitte selbst ergänzen) …genug.

42. Ich bin zu… (bitte selbst ergänzen)

43. Männer und Frauen verstehen sich einfach nicht.

44. Die da oben… (bitte selbst ergänzen)

45. Ständig blamiere ich mich.

46.Ich finde nie einen Partner.

47.Freu dich nicht zu früh.

48.Erwarte nicht zu viel, sonst wirst du nur enttäuscht.

49.Trau keinem.

50.Ich bin unwichtig.

51.Kann das nicht einmal klappen?

52.Kann ich nicht auch einmal Glück haben?

53.Was habe ich falsch gemacht, dass mir so etwas passiert?

54.Wofür das Ganze eigentlich?

55.Lohnt sich eh nicht.

56.Ich brauche es gar nicht erst zu versuchen.

57.Womit habe ich das verdient?

58.Ich bin ein wahrer Pechvogel.

59.Ich bin ein Freak.

60.Etwas stimmt nicht mit mir.

61.Über Geld spricht man nicht.

62.Das tut man nicht.

63.Die anderen wollen immer nur mein Bestes – mein Geld.

64.Ich bin es nicht wert, geliebt zu werden.

65.Ohne Partner kann ich nicht glücklich sein.

66.Macht bringt das Schlimmste im Menschen zum Vorschein.

67.Wenn man Nähe zulässt, dann wird man verletzt.

68.Ich brauche Schokolade nur ansehen, schon ist sie auf meinen Hüften.

69.Ich mache immer alles falsch.

70.Männer sind Schweine.

71.Männer wollen nur das eine.

72.Frauen gehören in die Küche.

73.Der Ehrliche ist der Dumme.

74.Frechheit siegt.

75.Früher war alles besser.

76.Reiche Menschen sind arrogant.

77.Geld macht nicht glücklich.

78.Lieber arm und gesund als reich und krank.

79.Ich habe es nicht verdient.

80.Erst wenn es allen anderen gut geht, darf es mir auch gut gehen.

81.Ich habe Angst vor Neuem.

82.Auf mich hört ja eh keiner.

83.Es ist nicht alles Gold, was glänzt.

84.Ich werde immer hintergangen.

85.Alles muss ich alleine machen.

86.Andere dürfen nicht mitbekommen, wie schlecht ich bin.

87.Mein Wert ist der Wert meiner Arbeit.

88.Mit Fremden spricht man nicht.

89.Liebe muss man sich erarbeiten.

90.Ich hätte nie geboren werden sollen.

91.Ich finde einfach nicht meinen Platz im Leben.

92.Dazu bin ich nicht cool genug.

93.Heute ist nicht mein Tag.

94.Freiheit gibt es doch gar nicht mehr.

95.Ich sollte mir ein dickeres Fell zulegen.

96.Ich darf keine Fehler machen.

97.Ich kann einfach nicht „Nein“ sagen.

98.Das kann ich mir nicht leisten.

99.Man kann tun, was man will, immer wird gemeckert.

100.Ich bin machtlos.

2. Weisheiten und Sprichwörter identifizieren

Als Kinder werden uns bestimmte Weisheiten in Form von Sprichwörtern beigebracht, um uns diese besser merken zu können. Und tatsächlich haben sich einige fest in unserem Unterbewusstsein verankert. Doch nicht immer handelt es sich dabei um positive Glaubenssätze.

- Welche Sprichwörter fallen Ihnen spontan ein?
- Welches Sprichwort nutzen Sie selbst sehr oft?
- Welche Weisheiten haben Ihnen Ihre Großeltern mit auf den Weg gegeben?
- Und welche Ihre Eltern?

Hier sind einige Beispiele von typischen Sprichwörtern, die Kindern mit auf den Weg gegeben werden, jedoch nicht unbedingt förderlich sind:

- Lieber den Spatz in der Hand, als die Taube auf dem Dach.
- Was Hänschen nicht lernt, lernt Hans nimmermehr.
- Ohne Fleiß keinen Preis.
- Geld verdirbt den Charakter.
- Beiß nicht in die Hand, die dich füttert.
- Ein Indianer kennt keinen Schmerz.

- Den Letzten beißen die Hunde.
- Übermut tut selten gut.
- Liebe macht blind.
- Einen alten Baum verpflanzt man nicht.
- Schuster, bleib bei deinen Leisten.
- Reden ist Silber, Schweigen ist Gold.
- Lehrjahre sind keine Herrenjahre.
- Hochmut kommt vor dem Fall.
- Wer schön sein will, muss leiden.
- Wer den Pfennig nicht ehrt, ist des Talers nicht wert.
- Ordnung ist das halbe Leben.
- Erst die Arbeit, dann das Vergnügen.
- Säge nicht an dem Ast, auf dem du sitzt.
- Du sollst den Tag nicht vor dem Abend loben.
- Die Welt ist ungerecht.
- Erfolg macht einsam.

Haben Sie einige Sprichwörter gefunden, die Ihnen als Kind eingepaukt wurden? Glauben Sie daran? Denken Sie, dass eine oder mehrere dieser Weisheiten eventuell gar keine sind, sondern sich negativ auf Ihr Leben auswirken?

3. Decken Sie Verallgemeinerungen auf

Verallgemeinerungen in unseren Aussagen wie *alle, jeder, keiner, nie, immer* usw. sagen viel über unsere Überzeugungen aus. Hier einige Beispiele:

- Ich habe immer Pech.
- Alle Männer sind untreu.
- Mich nimmt nie jemand ernst.
- Das Leben meint es nicht gut mit mir.
- Eltern wollen nur das Beste für ihre Kinder.

Nehmen Sie sich 10 Minuten Zeit und ergänzen Sie die nachfolgenden Satzanfänge. Seien Sie dabei so konkret wie möglich und schreiben Sie nicht nur ein oder zwei Wörter auf. Nutzen Sie auf jeden Fall die vollen 10 Minuten für diese Aufgabe, damit sie wirklich Sinn macht. Sollte Ihnen zu einem Satzanfang nichts einfallen, schreiben Sie das auf, was Ihnen gerade in den Kopf schießt, ob es Sinn macht oder nicht.

Alle Menschen …Immer …
Ich kann nie …
Frauen sind …
Ich darf nie …
Das Arbeitsleben …
Ich muss immer …
Männer sind …
Das Leben …
Nie …

Sortieren Sie die Sätze nun nach den folgenden Kriterien:

Streichen Sie die, die Sie mit etwas vervollständigt haben, was Ihnen gerade in den Sinn kam, da Ihnen nichts Besseres einfiel. Wie viel bleibt übrig? Egal wie viele Sätze Sinn machen oder nicht, diese Übung sollte Sie dafür sensibilisieren, welche Überzeugungen Sie haben. Achten Sie in den kommenden Wochen verstärkt auf Ihre Gedanken und Aussagen. Was sagen und denken Sie sehr oft mit Überzeugung und verallgemeinern es?

Von welchen Glaubenssätzen sollten Sie sich trennen?

Sie haben nun einige Glaubenssätze identifizieren können, die sich in Ihrem Unterbewusstsein verankert haben. Dies war einer der schwereren Schritte auf dem Weg zur Auflösung von negativen Glaubenssätzen.

Als Nächstes sortieren Sie Ihre Glaubenssätze. Dazu stellen Sie sich die Frage, „Welche Gedanken möchte ich haben und welche nicht?“

Lesen Sie sich Ihre identifizierten Glaubenssätze noch einmal genau durch und denken Sie dabei über das Folgende nach:

- Könnte mich dieser Gedanke von einem glücklichen Leben abhalten?
- Welche dieser Überzeugungen steht mir und meinem Glück im Weg?
- Welcher dieser Sätze engt mich ein und setzt mich unter Druck?

- Welcher Glaubenssatz tut mir gut und stärkt mich?
- An welchem Gedanken möchte ich gerne festhalten?

Haben Sie bereits bei einem oder mehreren dieser Glaubenssätze ein schweres Gefühl empfunden? Hat der eine oder andere etwas Negatives in Ihnen ausgelöst? Dann sind Sie bereit für den letzten Schritt.

Entkräften Sie einschränkende Glaubenssätze und programmieren Sie Ihre Gedanken auf Glück und Erfolg

Im letzten und wichtigsten Schritt werden Ihre Glaubenssätze infrage gestellt und es kann durchaus sein, dass Ihr Weltbild ins Wanken gerät. Vieles, von dem Sie Ihr Leben lang überzeugt waren, weil Sie es so gelernt haben, könnte sich als unwahr oder schädlich für Sie erweisen. Dafür haben Sie nun aber die Möglichkeit, neue Gedanken und Leitsätze zu finden, die Sie in Zukunft motivierend und ermutigend unterstützen.

Schritt 1: Prüfen Sie Ihre Glaubenssätze

Nehmen Sie sich den Glaubenssatz vor, der die meisten Emotionen in Ihnen ausgelöst hat. Stellen Sie den Gedanken infrage, indem Sie gezielt nach Gegenbeweisen suchen.

Ich darf nie Schwäche zeigen

- Stimmt es wirklich?

  Nein, jeder darf

- Gab es in der Vergangenheit Situationen (bei Ihnen oder anderen), in denen es nicht so war? Ja, traurige Filme

  Verluste, Gefühle rauslassen tut gut

- Gilt diese Meinung nur für Sie oder auch für andere?

  Ich denke jeder darf Schwäche zeigen.

- Was widerspricht dieser Annahme?

  Der Druck d. Gesellschaft nach 1 Bild

- Gibt es Menschen, die das anders sehen? Wenn ja, denken Sie, dass diese dennoch in Ordnung sind?

Beantworten Sie die Fragen am besten schriftlich auf einem Blatt Papier. Das folgende Beispiel kann Ihnen bei der Aufgabe helfen:

Glaubenssatz: *Ich bin zu alt, um beruflich etwas Neues auszuprobieren.*

Stimmt das wirklich?

Das weiß ich nicht. Wahrscheinlich würde mich keiner mehr einstellen. Ich müsste so viel Neues lernen und ich weiß nicht, ob ich das noch kann. An sich wäre ich ja dazu bereit, doch was, wenn ich es nicht schaffe? Ich weiß nicht, ob dieser Glaubenssatz stimmt oder nicht.

Gab es in der Vergangenheit Situationen (bei Ihnen oder anderen), in denen es nicht so war?

Wenn ich genauer darüber nachdenke, versuche ich schon öfter etwas Neues. Zum Beispiel neue Rezepte. Im letzten Jahr habe ich einen Paddelboard-Kurs gemacht, also bin ich durchaus fähig, etwas Neues zu lernen.

Kürzlich hat ein Freund nach seiner Kündigung relativ schnell einen neuen, spannenden Job in einem ganz anderen Bereich gefunden.

Gilt diese Meinung nur für Sie oder auch für andere?

Ich würde es meinem besten Freund sowohl heute als auch noch in 20 Jahren zutrauen, etwas Neues zu beginnen. Er ist so klug, mutig und offen für Veränderungen.

Was widerspricht dieser Annahme?

Es gibt viele Menschen, die einen Neuanfang gewagt haben, sei es freiwillig oder unfreiwillig und sie haben es auch geschafft.

Gibt es Menschen, die das anders sehen? Wenn ja, denken Sie, dass diese dennoch in Ordnung sind?

Oh ja. Ich finde, das ist sehr mutig und bewundernswert.

Wie Sie sehen können, kann sich die Sicht der Dinge bei der Beantwortung der Fragen verlagern. Führen Sie mit sich selbst ein Gespräch und stellen Sie die Glaubenssätze infrage, die Sie blockieren könnten.

Schritt 2: Verbinden Sie sich mit Ihren eigenen guten Gründen

Gibt es einen guten Grund, warum Sie so denken und warum ein Glaubenssatz für Sie wichtig ist? Wenn Sie einen guten Grund für einen Glaubenssatz finden, wird er Sie motivieren.

Stellen Sie sich diese Fragen:

- Was wäre, wenn Sie das nicht denken würden?
- Warum wäre es gut, wenn Sie diesen Glaubenssatz loslassen würden?
- Könnte sich daraus Positives entwickeln?

Beispiel:

Glaubenssatz: *Ich bin zu alt, um beruflich etwas Neues auszuprobieren.*

Was wäre, wenn Sie das nicht denken würden?

Ich würde mich auf eine neue Stelle bewerben oder mich selbstständig machen. Ich würde mir einen Job suchen, der mich erfüllt und der mir Spaß macht. Einen Beruf, der besser zu mir passt, in dem ich ich selbst sein kann. Ich möchte nicht mein ganzes restliches Leben damit verbringen, jeden Tag einen Job zu machen, bei dem ich nicht glücklich bin.

Versuchen Sie es selbst anhand Ihrer Glaubenssätze. Träumen Sie sich in die Welt, in der Sie leben möchten, wenn Sie nichts mehr davon abhalten würde. Wäre es wirklich so unrealistisch? Wir stehen unserem Glück oft durch unsere eigenen Überzeugungen im Weg.

Schritt 3: Finden Sie motivierende, positive Glaubenssätze

Im letzten Schritt schreiben Sie Ihre Glaubenssätze um und finden neue, die Sie stärken und motivieren. Versuchen Sie, sie so umzuformulieren, dass sie ihren Schrecken verlieren und sich etwas Positives daraus ergeben kann.

Ein paar Beispiele:

Ich bin zu alt, um beruflich etwas Neues auszuprobieren.

Ich bin zu jung, um bis an mein Lebensende so weiter zu machen und unzufrieden zu sein. Ich kann es jederzeit ändern.

Ich bin nicht fähig, eine funktionierende Beziehung zu führen.

Ich muss erst noch den richtigen Partner finden.

Erst die Arbeit, dann das Vergnügen.

Ich darf jederzeit gut für mich sorgen.

Geld verdirbt den Charakter.

Mein Kontostand sagt nichts darüber aus, wer ich bin. Auch wenn ich Geld habe, bin ich ein guter Mensch.

Ich darf keinen Fehler machen.

Fehler sind menschlich und dazu da, um daraus zu lernen.

Sie haben nun ein wirksames Werkzeug erhalten, mit dem Sie Ihr Unterbewusstsein in eine positive Richtung lenken können und Sie wissen, was Sie sich vom Leben wünschen. Sie haben die Mittel, Ihre Zukunft aktiv in die Hand zu nehmen. Doch erwarten Sie nicht zu viel zu schnell, denn das Umprogrammieren des eigenen Denkens geschieht nicht von heute auf morgen, es braucht Zeit. Schließlich haben Sie Jahre damit verbracht, den negativen Glaubenssätzen zu folgen.

Um einen dauerhaften Effekt zu erreichen, sollten Sie in den kommenden Wochen und Monaten sehr achtsam sein und sich immer wieder an die neuen Glaubenssätze erinnern. Sie werden sich öfter dabei erwischen, wie Sie in alte Fahrwasser gelangen und die gewohnten, negativen Glaubenssätze denken. Bleiben Sie dran und geben Sie nicht auf. Es erfordert Geduld und Disziplin, doch am Ende zahlt es sich aus!

5. 12 Übungen aus der positiven Psychologie für mehr Lebensfreude

In der positiven Psychologie werden die positiven Aspekte unseres Lebens wissenschaftlich untersucht. Die Grundlagen eines zufriedenen Daseins, was das Leben lebenswert macht und die Voraussetzungen für ein allgemeines Wohlbefinden. Der Schwerpunkt liegt darin, die Faktoren, die unser Erleben und Verhalten bestimmen, zu identifizieren und zu bewerten. Es werden gezielt Maßnahmen eingesetzt, um Störungen zu vermeiden, sie zu beheben oder dessen negative Folgen einzugrenzen. Damit wird die Lebenszufriedenheit gesteigert oder stabilisiert.

Das Ziel der positiven Psychologie ist, Bereiche wie Charakterstärken, positive Emotionen, das allgemeine Wohlbefinden und Talente zu erforschen und diese hervorzuheben.

In der Vergangenheit lag der Fokus der Psychologie auf der Identifizierung und Behebung von menschlichen Problemen, wobei die Aspekte im Leben, die keine Schwierigkeiten hervorbrachten vernachlässigt wurden. Die positive Psychologie schafft eine Balance, indem sie sich auf die guten Eigenschaften und Erfahrungen einer Person konzentriert. Dabei wird erforscht, was für ein erfüllendes Leben notwendig ist und wie man das Beste daraus machen kann. Die nachfolgenden Übungen helfen Ihnen bei der Identifizierung dieser Aspekte und der Umsetzung für ein zufriedenes und positives Leben.

Übung 1: Was sind Ihre Charakterstärken?

Mit dieser Übung aus der positiven Psychologie erkennen Sie

Ihre Charakterstärken und schaffen eine Verbindung zwischen wichtigen Ereignissen in der Vergangenheit und den Möglichkeiten der Zukunft. Sie hilft Ihnen dabei, Ihre Stärken mit einer positiven Identität zu verbinden.

1. Denken Sie an ein Ereignis in Ihrem Leben, das Sie glücklich gemacht hat. Etwas, auf das Sie sehr stolz sind und lassen Sie Revue passieren, welche Rolle Sie darin gespielt haben und welche Stärken und Fähigkeiten Sie eingebracht haben, um diesen Augenblick zu erleben. Fokussieren Sie sich auf jedes kleinste Detail und gehen Sie dieses Erlebnis in Ihrem geistigen Auge durch, als würden Sie es noch einmal erleben. Kosten Sie die damit verbundenen positiven Gefühle so lange wie möglich aus.

2. Schreiben Sie auf ein Blatt Papier, welche Charakterstärken Sie haben. Sind Sie mutig, ist es Ihre Menschlichkeit oder Gerechtigkeit, die Sie auszeichnet? Welche Ihrer Stärken führte in Ihrer Geschichte zum Erfolg?

3. Wie hat sich dieser Augenblick auf Ihr nachfolgendes Leben ausgewirkt? Hatte es einen Einfluss auf Ihre Identität und auf Ihr Lebensmotto? Beeinflusst Sie dieses entscheidende Ereignis noch heute?

4. Denken Sie darüber nach, wie und wann Sie diese Stärken wieder einsetzen können. Definieren Sie deutlich, wie Sie sie nutzen möchten. Wenn Sie dann Ihre Charakterstärken einsetzen, beobachten Sie, was sich damit verändert.

Übung 2: Allgemeines Glück und Wohlbefinden fördern

Stellen Sie sich die folgenden Fragen:

1. Was haben Sie heute getan, das Sie zufrieden sein lässt?

2. Was hat heute jemand anderes getan, das Sie freute? Wie haben Sie darauf reagiert? War Ihre Reaktion so, dass diese Person es wiederholt?

3. Wofür sind Sie dankbar, das Sie sehen, hören, fühlen, riechen oder schmecken können?

Stellen Sie sich diese Fragen so oft wie möglich, am besten jeden Abend vor dem Zubettgehen. Besprechen Sie die Antworten auch gerne mit Ihrem Partner.

Übung 3: Wie Gedanken, Gefühle, Emotionen und Erinnerungen Ihr Leben bestimmen

Verbildlichungen sind effiziente und sinnvolle Wege, um Erfahrungen zu verdeutlichen und die Erfahrungslücke zwischen dem, was ist oder war und dem, was sein kann, zu schließen. Metaphern haben den Zweck, Sie dabei zu unterstützen, ihre Ziele effektiv und effizient zu erreichen.

Die folgende Metapher beschreibt, wie Erfahrungen unser Leben zu bestimmen scheinen. Sie zeigt auf, dass es jedoch auch die Möglichkeit gibt, diesen Erlebnissen keine Entscheidungsmacht zu übertragen, sondern vielmehr sie zu akzeptieren und wie vorübergehende Fahrgäste in einem Bus zu behandeln.

Stellen Sie sich vor, sie sind der Chauffeur eines Linienbusses. Dabei symbolisiert der Bus Ihren Geist und die Passagiere Ihre Gedanken. Einige der Fahrgäste sitzen ruhig und geduldig, während andere kritische und ablenkende Kommentare abgeben oder Ihnen sogar während der Fahrt Anweisungen geben.

Wählen Sie bewusst aus, wie Sie auf die Passagiere reagieren. Genauso können Sie auch Ihre kritischen und zweifelnden Gedanken erwidern. Erlauben Sie es den nörgelnden Fahrgästen, laut zu schreien und zu reden, wenn Sie sich auf die Fahrt und die Erreichung des Ziels konzentrieren müssen?

Wenden Sie diese Verbildlichung an, wenn zweifelnde Gedanken, negative Gefühle und Verhaltensweisen hochkommen, die Sie am Vorankommen und der Erreichung Ihrer Ziele behindern. Fragen Sie sich, welcher Ihrer „Passagiere" im Kopf aufdringlich ist und Sie ablenkt.

Übung 4: Das Sinnesbewusstsein stärken

Mit dieser Übung stärken Sie Ihr Sinnesbewusstsein und Ihre Achtsamkeit. Sie lernen, einen Raum zu schaffen, der es Ihnen ermöglicht, innezuhalten und den Augenblick zu genießen, statt hektisch weiter zu hasten. Kosten Sie den Moment aus, das Rauschen des Baches, einen Augenblick der Intimität, die Schönheit eines Sonnenaufgangs und selbst das Lesen eines guten Buches. Verharren Sie in den Momenten der Zufriedenheit und Ruhe.

Nehmen Sie sich ein Blatt Papier und zeichnen Sie fünf Spalten. Jede Spalte steht für einen Ihrer Sinne: fühlen, schmecken, riechen, sehen und hören. Nehmen Sie sich 10 bis 20 Minuten Zeit und denken Sie über Erfahrungen nach, die Ihnen mit all Ihren Sinnen Freude bereiten. Schreiben Sie das Ereignis nieder und wie es jeweils die fünf Sinne anspricht.

Stellen Sie sich nun die folgenden Fragen:

- Hat Sie etwas überrascht, das Sie aufgeschrieben haben?

- Ist Ihre Liste von Ereignissen sehr lang oder sehr kurz? Warum ist das so?

- Was auf Ihrer Liste erleben Sie jeden Tag?

- Empfinden Sie bei bestimmten Erlebnissen Vergnügen, Zufriedenheit oder Genuss mit mehr als einem Sinn?

- Wie können Sie die Anzahl der Erlebnisse erhöhen, die Ihnen Freude, Genuss und Zufriedenheit bereiten?

- Können Sie sich dazu verpflichten, jeden Tag mindestens ein Ereignis zu erleben, das jeden Ihrer Sinne erfreut?

Übung 5: Positive Emotionen genießen und fördern

Durch diese Übung lernen Sie, Momente und positive Emotionen auszukosten und zu genießen. Genuss ist das Bewusstsein für Vergnügen und die Fähigkeit, positive Erfahrungen anzuerkennen und sie zu schätzen. Diese Stärke hilft Ihnen dabei, negative Erfahrungen besser zu bewältigen und zu ertragen. Wenn Sie lernen, die kleinen Freuden des Lebens zu genießen, beginnen Sie, positive Gefühle zu erkennen und zu bewahren.

Denken Sie über ein Ereignis in Ihrer Vergangenheit nach, das in Ihnen positive Emotionen hervorbringt. Nehmen Sie sich dabei so viel Zeit wie möglich. Visualisieren Sie diesen Moment sehr detailliert und konzentrieren Sie sich auf die angenehmen Gefühle, die Sie dabei hatten. Gehen Sie so langsam wie möglich vor und kosten Sie den Augenblick aus.

Indem Sie einem Moment der Freude mit intensiven positiven Emotionen im Geiste noch einmal erleben, reagiert Ihr Gehirn so, als würden Sie es tatsächlich erfahren. Sie lenken Ihre Gedanken und Gefühle in eine positive Richtung und fühlen sich danach entspannt und zufrieden.

Übung 6: Dankbarkeit empfinden

Diese Übung hilft Ihnen dabei, Dinge nicht als selbstverständlich zu betrachten und die Dankbarkeit zu erhöhen. In den vorangegangenen Übungen richteten Sie Ihren Fokus auf Begebenheiten in der Vergangenheit, um das Gefühl von Behagen zu empfinden. Nun löschen Sie mental ein solches positives Ereignis, um Ihnen aufzuzeigen, dass Sie auch ohne diese Erinnerung glücklich sein und Freude empfinden können.

Denken Sie wieder an ein schönes Ereignis in Ihrem Leben. Nehmen Sie sich einen Moment Zeit, um sich vorzustellen, wie Ihr Leben ohne diesen Augenblick aussehen würde. Schreiben Sie auf, was anders wäre.

Übung 7: Selbstmitgefühl entwickeln

Anhand dieser Übung entwickeln Sie eine selbstmitfühlende Haltung in schwierigen Zeiten. Durch Selbstmitgefühl können Sie leichter auf positive Emotionen zugreifen und Ihre Lebenszufriedenheit, das subjektive Wohlbefinden und die soziale Verbundenheit verbessern. Selbstmitgefühl löst Stress, Ängste und Unbehagen.

Setzen Sie sich bequem auf einen Stuhl oder auf das Sofa und halten Sie einen Moment inne, indem Sie sich auf Ihre Atmung konzentrieren. Legen Sie Ihre Hände auf den Körper und erinnern Sie sich daran, dass Leiden ein Teil des Lebens ist, auch wenn es gerade schwer für Sie ist. Benutzen Sie dabei positive

Affirmationen wie „Ich akzeptiere mich so wie ich bin“ oder „Ich darf mir diesen Fehler selbst vergeben, so wie ich anderen vergeben würde“.

Übung 8: Sinnfindung

Der Sinn im Leben ist eine wesentliche Facette unseres psychischen Wohlbefindens und hat eine erhebliche Auswirkung auf die geistige und körperliche Gesundheit. Die Bedeutung, die wir unserem Leben zuschreiben, wird zum großen Teil durch sinnvolle Tätigkeiten abgeleitet. Ein Zustand des Glücks kann nur dann erreicht werden, wenn unser Tun mit bedeutungsvollen Zwecken verbunden ist. Wenn Sie sich auf Aktivitäten konzentrieren, die anderen zugutekommen und ihre Stärken nutzen, können Sie authentisches Glück erreichen.

Führen Sie an einem Tag drei wichtige, unterhaltsame und bedeutende Aktivitäten durch und schreiben Sie diese ausführlich auf. Ihre Handlungen sollten das Folgende beinhalten:

- Eine angenehme Aktivität, die Sie alleine ausführen, wie zum Beispiel Lesen oder Musik hören.

- Eine angenehme Aktivität, die Sie mit jemand anderem ausführen, wie zum Beispiel ein Spiel spielen oder zusammen in einem Restaurant essen.

- Eine sinnvolle und bedeutende Handlung wie eine ältere Person im Altenheim zu besuchen.

Übung 9: Entwickeln und fördern Sie Ihre tägliche Motivation

Diese Übung sollten Sie über einen ganzen Tag hindurch

ausführen. Sie werden über Dinge nachdenken, die Sie zum Handeln anregen und motivieren. Dabei erkennen Sie, inwieweit Ihre Motivation selbstbestimmt ist oder nicht.

Stellen Sie sich mehrmals täglich einen Alarm, um sich kurz Zeit zu nehmen, darüber nachzudenken, was Sie gerade motiviert und warum. Schreiben Sie Ihre Beobachtungen auf. Es ist nicht zwingend notwendig, diese aufzuschreiben, wichtig bei der Übung ist jedoch, dass Sie sich ins Bewusstsein rufen, was Sie motiviert.

Übung 10: Schreiben Sie über positive Erfahrungen

Diese Übung hilft Ihnen dabei, Ihre Stimmung zu verbessern, indem Sie an drei aufeinander folgenden Tagen über positive Erfahrungen und glückliche Momente schreiben.

Das Aufzeichnen von positiven Erfahrungen kann zu einer erheblichen Verbesserung von vielen Wohlfühlindikatoren führen. Ihre allgemeine Stimmung verbessert sich, Ängste und Stress werden abgebaut und gleichzeitig können Sie negative Ereignisse besser bewältigen.

Schreiben Sie drei Tage lang positive Ereignisse aus Ihrem Leben auf, stellen Sie sich dabei diesen Moment noch einmal vor und denken Sie darüber nach, welche Emotionen Sie dabei hatten. Schreiben Sie so detailliert wie möglich über Ihre Erfahrungen und achten Sie dabei besonders auf die positiven Gefühle und Gedanken, die Sie in diesem Moment hatten.

Übung 11: Finden Sie Ihr eigenes Beispiel für Vergebung

Vergebung ist ein wichtiges positives Merkmal. Mehrere Studien zeigen, dass Personen, die vergeben können, über eine bessere physische und psychische Gesundheit verfügen. Jemanden und vor allem auch sich selbst verzeihen zu können, wirkt sich positiv auf den Blutdruck aus. Es verringert die psychische Belastung und führt zu einer höheren Zufriedenheit in Beziehungen und dem Leben im Allgemeinen.

Schreiben Sie eine Geschichte der Vergebung nieder. Dabei kann es sich um eine Kindergeschichte, Sage oder eine Filmszene handeln. Schreiben Sie dann darunter, warum Sie glauben, dass der Täter in der Handlung etwas getan hat und warum der Geschädigte sich entschieden hat, ihm zu vergeben. Wie hat das Opfer möglicherweise durch das Verzeihen profitiert?

Denken Sie nun über eine Situation nach, in der Sie jemandem vergeben haben und schreiben Sie die Vorteile auf, die Sie dabei erlebt haben.

Übung 12: Stärkenbasierte Lebensgeschichte

Viel zu oft sind wir uns unserer eigenen Fähigkeiten gar nicht bewusst oder wissen nicht, wie wir sie einsetzen können. Diese Übung kann Ihnen dabei helfen, die Quellen Ihrer Stärken zu lokalisieren, sie zur Erreichung der gewünschten Ziele zu nutzen und ein Gefühl für den Sinn und die Erfüllung zu entwickeln.

Schreiben Sie Ihre Lebensgeschichte in drei Teilen auf: Vergangenheit, Gegenwart und Zukunft. Sie können dabei durchaus kreativ sein, Ihr Fokus sollte jedoch auf jeden Fall auf Ihre Stärken gerichtet sein.

Die Vergangenheit: Schreiben Sie die Geschichte Ihrer Vergangenheit. Beschreiben Sie die Herausforderungen, die Sie gemeistert haben und die persönlichen Stärken, die Ihnen dabei geholfen haben.

Die Gegenwart: Beschreiben Sie Ihr Leben und wer Sie jetzt sind. Wie unterscheiden Sie sich von Ihrem früheren Selbst? Was sind Ihre jetzigen Stärken? Wie haben sich Ihre Stärken entwickelt? Vor welchen Herausforderungen stehen Sie? Wie können Sie Ihre Stärken nutzen, um diese Schwierigkeiten zu meistern?

Die Zukunft: Schreiben Sie über Ihre ideale Zukunft. Was wird in Ihrem Leben anders sein als jetzt? Wie können Sie Ihre Stärken nutzen, um diese ideale Zukunft zu erschaffen? Wie können Sie sie ausbauen? Welche Person möchten Sie werden? Wie können Sie sich in diese Richtung verändern? Was möchten Sie erreichen? Wie können Sie diese Dinge erreichen?

6. Vorteile und positive Eigenschaften, die optimistische Menschen haben

Was unterscheidet Optimisten von Pessimisten? Bei Optimismus sowie Pessimismus handelt es sich um eine Geisteshaltung. Optimisten und Pessimisten unterscheiden sich darin, wie sie sich selbst sehen, welche Weltanschauung sie haben, was ihnen wichtig ist und mit wem und welchen Dingen sie sich umgeben.

Das bekannteste Beispiel, um den Unterschied der beiden zu verdeutlichen, ist das halb volle oder halb leere Glas. Der Optimist freut sich über das halb volle Glas, während der Pessimist traurig darüber ist, dass es halb leer ist. Scheint die Sonne, denkt der Pessimist an schlechtes Wetter, das kommen könnte. Der Optimist hingegen kostet jeden einzelnen Sonnenstrahl aus und denkt nicht daran, was danach ist. Bekommt der Optimist einen Strauß Rosen geschenkt, ist er von der Schönheit der Blumen regelrecht hingerissen, während sich der Pessimist über die Dornen ärgert. Optimisten sind dankbar für das, was sie haben und erleben dürfen, während sich Pessimisten darüber aufregen, was sie versäumt oder verloren haben und darüber, was sie nicht besitzen.

Genau genommen liegen beide richtig. Es handelt sich bei allem um eine Ansichtssache. Ob das Glas halb voll oder leer ist, beides ist richtig. Und doch unterscheiden sich Optimisten und Pessimisten in einem ausschlaggebenden Punkt: Wie sie sich dabei fühlen. Während der Pessimist negative Gefühle hat und sich selbst in einer an sich angenehmen Situation schlecht fühlt, hat der Optimist positive Empfindungen und ist zufrieden. Allein durch die Verlagerung der Sichtweise beeinflussen wir somit unsere Gemütslage. Nicht die Sache an sich erzeugt positive oder negative Empfindungen in uns, sondern wie wir sie wahrnehmen und darauf reagieren.

Warum sprechen zwei verschiedene Menschen auf die gleiche Situation so grundlegend anders an? Beide haben eines gemeinsam: Sie haben aufgrund von Erfahrungen gelernt, auf die Nachteile zu achten, wenn sie etwas wahrnehmen. Ganz richtig, auch Optimisten sehen das Negative. Doch Pessimisten haben ihr Gehirn so programmiert, dass sie vordergründig auf die schlechten Seiten achten. Optimisten hingegen haben ihre Gedanken so trainiert, dass ihnen das Positive und Erfreuliche im Leben bewusst wird, auch wenn ihm die Nachteile durchaus bekannt sind. Er konzentriert sich jedoch nicht darauf. Bei der Betrachtung der Dinge, ob man sich auf die positiven oder negativen Aspekte einer Sache fokussiert, handelt es sich um eine Gewohnheit, die wir im Laufe der Zeit entwickelt haben. Diese Angewohnheiten sind nicht angeboren, sondern antrainiert. Das heißt, dass Pessimisten durchaus dazu in der Lage sind, eine positive Einstellung zu erlernen und ihre pessimistische Sicht auf die Dinge mit einer optimistischen zu ersetzen.

Pessimisten leiden üblicherweise unter ihren Anschauungen, da sie sich dabei nicht wohl fühlen und keine Freude empfinden. Sie sind oft hilflos und deprimiert, können jedoch nicht aus ihrer Haut.

Jeder hat die Möglichkeit, ein optimistisch geführtes Leben zu gestalten. Es erfordert lediglich Übung und Geduld, da die Angewohnheit, negativ zu denken, tief verankert ist und sich nicht von heute auf morgen ändern lässt. Sie müssen es ganz gezielt und bewusst trainieren, Ihre Gedanken in eine positive Richtung zu lenken.

Die Vorteile, ein Optimist zu sein

Es steht außer Frage, dass Optimismus mehr Vorteile als Nachteile hat. Falls Sie ein eingefleischter Pessimist sind, mögen Sie nun sagen, dass Optimisten bedingungslos schönfärben und mit einer rosaroten Brille durch die Welt laufen. Und da haben Sie sogar recht! Doch Untersuchungen zeigen, dass diese Art und Weise für das physische und psychische Wohlbefinden sehr förderlich ist.

Eine optimistische Sicht auf das Leben wirkt sich positiv auf die folgenden Bereiche aus:

- Ihre Gesundheit
- Ihr seelisches Wohlbefinden
- Ihre geistigen Fähigkeiten
- Ihre Wahrnehmung
- Ihre Lebenserwartung
- Ihre beruflichen und finanziellen Erfolge
- Ihre zwischenmenschlichen Beziehungen

Man kann Optimismus als eine Art der Selbstverteidigung Ihres Geistes sehen. Die Vorteile einer optimistischen Lebenseinstellung im Detail:

Seelisches Wohlbefinden

Optimisten verfügen über ein überwiegend gutes seelisches Wohlbefinden. Sie haben die Fähigkeit, darüber zu bestimmen, wie sie denken. Optimistische Menschen fühlen sich bewusst oder unbewusst so, wie Ihre Gedanken sind. Sie können fast allem etwas Positives abgewinnen, selbst in schwierigen Lagen und haben somit nur selten schlechte Laune.

Selbstverständlich sind auch Optimisten manchmal traurig, niedergeschlagen oder fühlen sich unwohl. Doch diese Emotionen halten nie lange an. Positiv denkende Personen handeln aktiv, damit sie sich schnell wieder gut fühlen.

Für Optimisten sind Misserfolge, Fehler und Niederlagen nur vorübergehend und ein kurzfristiger Rückschlag. Sie glauben fest daran, dass alles gut werden wird. Sie nutzen Fehlschläge, um daraus zu lernen und gleiche oder ähnliche Situationen künftig zu vermeiden.

Positiv denkende Menschen glauben fest daran, dass sie jederzeit ihre Situation ändern und verbessern können und tun alles dafür, um es möglich zu machen. Sie streben danach, Lösungen zu finden und suchen aktiv einen Weg, wie sie Schaden begrenzen und neu anfangen können.

Für Optimisten ist Aufgeben niemals eine Option. Wo ein Wille ist, ist ein Weg. Sie werden es immer wieder versuchen, aus den Misserfolgen lernen und weitermachen, denn sie wissen, dass alles gut enden wird. Durch diese Einstellung können sie Probleme, Rückschläge und Krisen besser überstehen und anpacken.

Mentale Fähigkeiten

Es gibt Untersuchungen, die zeigen, dass die Sinnesorgane von positiv eingestellten Menschen besser funktionieren als die von Pessimisten.

Eine optimistische Einstellung sorgt für eine erhöhte Lern- und Merkfähigkeit, sie fördert die Kreativität und den Ideenreichtum. Optimisten hören und sehen sogar im Schnitt besser als Pessimisten!

Körperliches Befinden

Bekanntermaßen sind das körperliche und seelische Wohlergehen eng miteinander verbunden. Da sich optimistisch eingestellte Menschen mental gut fühlen, verfügen sie üblicherweise auch über eine erfreuliche physische Verfassung. Eine positive Denkweise kann sich sogar förderlich auf unsere inneren Organe auswirken. Demnach sterben Optimisten seltener an Herz-Kreislauf-Erkrankungen und haben eine allgemein höhere Lebenserwartung als der Mittelwert. Pessimisten hingegen haben viel wahrscheinlicher ein Herzleiden als der Durchschnitt.

Optimisten können Stress besser abbauen oder gar vermeiden, sodass sie weniger Stresshormone entwickeln. Was man durch die Kraft des positiven Denkens erreichen kann, haben Sie bereits anhand des Placebo-Beispiels gelernt. Optimistisch denkende Menschen haben somit eine höhere Heilungschance bei Krankheiten als Pessimisten. Auch unser Immunsystem ist an unser mentales Befinden gekoppelt. Optimisten haben signifikant bessere Abwehrkräfte als negativ eingestellte Menschen.

Befindet sich unser Geist in Harmonie, folgt der Körper. Eine positive Einstellung zum Leben ist somit ein sehr wirksamer Schutz gegen Krankheiten. Sollte ein Optimist dennoch einmal krank werden, wendet er all seine Energien dafür auf, gesund zu werden. Er gibt sich den Beschwerden nicht geschlagen hin, sondern bekämpft sie aktiv durch positives Denken. Für Optimisten sind Krankheiten ein Warnsignal dafür, dass sie in ihrem Leben etwas ändern müssen. Sie identifizieren schlechte Verhaltensweisen und Denkmuster, um künftige Krankheiten zu vermeiden.

Berufliche und finanzielle Vorteile

Auch auf die berufliche und finanzielle Situation wirkt sich eine optimistische Einstellung positiv aus. Dort, wo Pessimisten Schwierigkeiten sehen, finden Optimisten Chancen. Diese Einstellung und die Fähigkeit, Herausforderungen anzunehmen und sich von Rückschlägen nicht unterkriegen zu lassen, macht sie erfolgreicher als Pessimisten. Positiv eingestellte Menschen erreichen so gut wie immer ihr Ziel. Das hat nichts mit Glück oder Talent zu tun, sondern damit, dass sie nie nur untätig zusehen oder aufgeben.

Optimisten trauen sich viel mehr zu als negativ denkende Personen. Sie wissen um ihr Können, Ihre Stärken und glauben an sich und die Zielerreichung. Sie haben keine Angst davor, zu versagen. Menschen, die optimistisch denken, sind Macher und gehen unvoreingenommen an die Dinge heran.

Da Optimisten ganz einfach wissen, dass sie es bewältigen können, halten Sie auch länger durch und lassen sich nicht unterkriegen. Selbst wenn sie sich eingestehen müssen, dass sie etwas nicht schaffen können, sehen sie das Positive darin. Sie nutzen die Erfahrung, um daraus zu lernen und beginnen gleich wieder von vorne mit einem entsprechend angepassten Ziel. Dabei gehen sie oft innovativ vor und beschreiten Wege, die sich sonst niemand traut zu gehen. Sie scheuen sich nicht vor harter Arbeit und sehen selbst in Aufgaben, die weniger interessant oder mühselig sind, etwas Gutes. Diese sind nun mal notwendig, um das große Ziel zu erreichen.

Das heißt nicht, dass alle Optimisten immer Erfolg haben. Nicht wenige scheitern bei ihren Vorhaben. Unterm Strich erreichen positiv eingestellte Menschen jedoch viel mehr als Pessimisten, da sie es zumindest versuchen und immer wieder neu beginnen - so lange, bis sie Erfolg haben.

Zwischenmenschliche Beziehungen

Optimisten glauben an das Gute im Menschen. Sie gehen auf andere vorurteilsfrei zu und sind der Überzeugung, dass jeder von Grund auf gut ist. Werden sie enttäuscht, trifft sie dies nur selten wirklich hart und sie übertragen die schlechten Erfahrungen nicht auf alle anderen Menschen. Durch ihre positive Einstellung machen Optimisten jedoch auch weniger schlechte Erfahrungen mit anderen, da sie eine offene und herzliche Art haben. Sie umgeben sich mehr mit Optimisten und halten von negativ denkenden Personen eher Abstand.

Wodurch unterscheiden sich Optimisten von Pessimisten?

Optimisten sind leicht daran zu erkennen, dass sie stets positiv eingestellt sind, eine lebensbejahende Ansicht haben und voller Zuversicht in die Zukunft blicken. Sie rechnen immer mit dem Besten und damit, dass alles gut werden wird. Hört man einen optimistisch eingestellten Menschen über eine schwierige Situation sprechen, hören Sie Aussagen wie „Das wird schon werden“ oder „Machen wir das Beste daraus“. Trotz dieser Einstellung bleiben Optimisten nicht vor Problemen und Schwierigkeiten im Leben verschont. Natürlich müssen auch sie Rückschläge einstecken und haben mit Niederlagen oder

Schicksalsschlägen zu kämpfen. Auch wenn es sich oft so anhört, als würde sie nichts erschüttern können, positiv eingestellte Menschen haben die gleichen Probleme zu bewältigen wie jeder andere. Wo liegt also das Geheimnis der Optimisten, dass sie nichtsdestotrotz die schönen Seiten des Lebens nicht aus den Augen verlieren? Warum können sie mit Schicksalsschlägen und Problemen so viel besser umgehen als Pessimisten? Was treibt sie stetig an und woher nehmen sie die Stärke nicht aufzugeben?

Das Geheimnis liegt darin, dass Optimisten niemals die Hoffnung aufgeben und fest daran glauben, dass alles gut werden wird. Sie verfügen über zwei ganz grundlegende positive Eigenschaften, die ihnen die Kraft geben, durchzuhalten:

1. *Optimisten wissen, dass sie die Kontrolle über ihr Leben haben.*
   Optimisten sind der festen Meinung, dass Sie Ihr Leben selbst in der Hand haben. Sie geben sich nicht ihrem „Schicksal" hin, sondern machen das Beste daraus und sind der Überzeugung, dass sie es beeinflussen können.

2. *Optimisten glauben an sich selbst.*
   Optimisten glauben an ihre Fähigkeiten und fokussieren sich auf ihre Stärken. Sie sind „Macher" und geben nie auf.

Das folgende Beispiel zeigt, wie unterschiedlich Optimisten und Pessimisten auf Schwierigkeiten reagieren:

Sie haben beschlossen, ein kleines Gartenhäuschen zu zimmern. Ihnen fehlt die Erfahrung, da es das erste Mal ist. Als Sie das Grundgerüst fertiggestellt haben, fällt es in sich zusammen.

Der Optimist sieht diesen Fehlversuch als einen vorübergehenden Zustand an. So wie ein Sommergewitter, das nach zehn Minuten wieder vorbei ist. Er sieht sich die Situation an, analysiert, was er getan hat und überlegt, wo er gescheitert sein könnte. Er erkennt, dass er die Sache anders angehen muss und glaubt daran, dass es klappen wird. Schließlich scheint nach jedem Gewitter wieder die Sonne. Ihnen ist bewusst, dass Sie schlichtweg zu wenig Erfahrung im Bau eines Gartenhäuschens haben und assoziieren diesen Fehlschlag nicht mit Ihren Fähigkeiten. Kein Problem! Der Optimist krempelt die Ärmel hoch, informiert sich über die korrekte Bauweise und beginnt von vorne. So schwer kann es nicht sein, das schaffen wir schon!

Der Pessimist ist verärgert und verzweifelt und denkt, dass es nicht anders zu erwarten war. Schließlich hat er immer Pech und ist zu nichts fähig. Er *wusste*, dass es schiefgehen würde! Warum hat er es überhaupt versucht? Wie kann er nur so dumm sein und denken, er könne ein Gartenhäuschen bauen! Der Pessimist gibt auf, denn er ist der festen Überzeugung, dass er es nicht kann und immerzu Pech hat. Er denkt, er könne nichts dagegen tun und ist deprimiert.

Pessimisten resignieren viel schneller, da sie denken, dass sie nicht die Fähigkeiten besitzen, die notwendig sind und es ihr Schicksal sei. Sie kommen nicht auf die Idee, nach Lösungen zu suchen und zu analysieren, was falsch lief. Vielleicht war es gar nicht seine Schuld, sondern die Schrauben waren zu schwach? Der Pessimist wird es nie erfahren, denn er kapituliert.

Optimisten ruhen sich nicht auf ihrem Schicksal aus. Sie *wollen* nicht glauben, dass sie zu etwas verdammt sind. Sie denken sich „Ha! Das werden wir schon sehen!“ und werden aktiv, handeln, um ihr Leben in eine positive Richtung zu lenken. Es ist somit nicht nur ihre Einstellung, ihr positives Denken, das Optimisten eine höhere Lebensqualität beschert, sondern auch dass sie handeln. Sie sehen nicht hilflos dabei zu, wenn etwas schiefläuft, sondern tun alles, um es zu ändern.

Diese Zuversicht und Hoffnung machen Optimisten viel widerstandsfähiger gegenüber Krisen und Problemen. Sie verfügen über eine große Resilienz.

Optimisten und das Selbstvertrauen

Einer der wichtigsten und herausragenden Eigenschaften eines Optimisten ist sein schier unerschütterliches Selbstvertrauen. Es hat nichts damit zu tun, dass sie selbstverliebte Menschen sind. Sie sind sich ihrer Fähigkeiten jedoch bewusst und vertrauen darauf, das Richtige zu tun und darauf, dass sie Erfolg haben können. Typische Grundsatzregeln von positiv eingestellten Menschen lauten: „Ich schaffe das" und „Ich kann das".

Sie können noch so viele Talente besitzen, glauben Sie nicht an sich und Ihre Fähigkeiten, werden Sie keinen Erfolg haben. Nicht, dass Optimisten mehr Begabungen haben als andere. Im Gegenteil. Ein Pessimist, der an sich talentierter wäre als ein Optimist, erreicht oft weniger als jemand, der Herausforderungen annimmt, an die Zielerreichung glaubt, Lösungswege sucht und nie aufgibt. Jede Zielerreichung, sei sie auch noch so klein, schenkt neue Energie und Motivation, um die nächste Herausforderung anzugehen und einen weiteren Erfolg zu verzeichnen. Daran mangelt es bei Pessimisten. Sie können nicht auf Erfolge zurückgreifen, da sie es nicht einmal versucht haben oder zu schnell aufgeben und somit fehlt die Motivation, ein neues Ziel anzustreben.

Anstatt zu resignieren und sich schlecht zu fühlen, wenn etwas nicht so läuft wie gewünscht, strengt sich ein Optimist noch mehr an, um ans Ziel zu kommen. Rückschläge und Probleme nimmt er nicht persönlich und zweifelt nicht an sich und seinen Möglichkeiten. Zudem denkt er nicht sofort, das Ziel sei nicht zu erreichen. Auch positiv denkende Menschen scheitern. Der Unterschied zum Pessimisten ist jedoch der, dass er nicht denkt, er sei unfähig und hätte kein Talent. Ihm ist bewusst, dass Misserfolge zum Leben dazu gehören. Er verwendet sie, um etwas Positives daraus zu erschaffen, indem er sie als Erfahrung abhakt und diese beim nächsten Versuch nutzt, um es besser zu machen.

Die Weltanschauung, die Realität des Optimisten unterscheidet sich grundlegend von der des Pessimisten. Nimmt ein Löwe an, er sei ein schwaches kleines Miezekätzchen, verhält er sich so und er handelt dementsprechend. Glaubt eine Katze, sie sei ein Löwe, ist sie zu Dingen fähig, die andere sich niemals hätten träumen lassen. Entscheidend ist somit die Sichtweise, die wir von uns selbst haben. Wer ein starkes Selbstbewusstsein hat, ist zu fast allem fähig, das er bewältigen möchte. Ihr Selbstvertrauen, was Sie sich zutrauen und was nicht, entscheidet darüber, was Sie im Leben erreichen werden. Wenn Sie Ihre Talente und Fähigkeiten nicht nutzen, werden Sie es im Leben auch nicht zu dem bringen, das Sie gerne erreichen möchten.

Wie oft dachten Sie bereits, dass etwas unmöglich sei und plötzlich erleben Sie, wie es jemand macht. Die Grenzen, an die wir stoßen, stecken wir uns selbst. Eine „gute“ Nachricht gibt es jedoch für Pessimisten: Es ist egal, ob sie glauben, dass sie es können oder nicht. Sie haben immer recht. Grenzen bestehen nur in unseren Köpfen.

Optimisten glauben nicht daran, dass etwas unmöglich ist. Und es sind genau diese Menschen, die neue Weltrekorde aufstellen und immer höher hinaus gehen. Glücklicherweise gibt es Optimisten, sonst würden wir heute nicht in einem Flugzeug um die Welt reisen können. Den Gebrüdern Wright wurde immer wieder gesagt, sie seien verrückt, es sei unmöglich zu fliegen. Und siehe da! Sie waren fest davon überzeugt, dass das Unmögliche möglich ist und haben auch bei den vielen Rückschlägen, die sie einstecken mussten, nicht aufgegeben – und damit die Welt revolutioniert.

Viele Pessimisten sagen, dass diese Ansicht der Optimisten nichts anderes als Naivität sei und ein fehlender Bezug zur Realität. Sie liegen dabei gar nicht so falsch. Doch gerade das ist es, warum Optimisten es zumindest versuchen und irgendwann klappt es tatsächlich! Würden sie sich intensiv über die möglichen Konsequenzen Gedanken machen, zu viel darüber nachdenken, was schief laufen könnte, würde niemand etwas Neues ausprobieren.

Im Sport ist positives Denken und Selbstvertrauen nicht wegzulassen. Nicht nur die körperliche Verfassung eines Sportlers ist ausschlaggebend, sondern vor allem seine mentale Einstellung. So sagte Boris Becker, dass ein Match zu 90 % im Kopf entschieden wird.

Da Optimisten daran glauben, etwas erreichen zu können, haben sie auch viel enormere Ziele. Für andere mögen diese unrealistisch und unmöglich sein, für sie ist es lediglich eine größere Herausforderung. Optimistisch denkende Personen nehmen zur Ausführung ihrer Pläne mehr auf sich, als andere bereit sind. Es ist für sie weniger ein Problem, noch härter zu arbeiten, Entbehrungen auf sich zu nehmen und sogar ein bisschen zu leiden, denn es dient dem großen Zweck. Sie werden keinen Optimisten treffen, der nicht mindestens ein Projekt am Laufen hat oder nicht sofort darauf antworten kann, was sein nächstes Ziel ist.

Denken Sie an Ihre Kindheit zurück. In diesem Alter sind wir noch alle Optimisten. Dies ist notwendig, denn sonst würden wir heute nicht aufrecht gehen. Wie oft sind Sie hingefallen – und wieder aufgestanden. Kein einziges Mal haben Sie gedacht, dass Sie es nicht können. Sie haben es so lange versucht und geübt, bis Sie es konnten. Kinder denken nicht darüber nach, ob sie laufen lernen können. Sie tun es einfach, weil sie instinktiv wissen, dass es möglich ist. Optimisten haben sich diese Fähigkeit bis in ihr Erwachsenenalter beibehalten können oder wieder neu antrainiert.

Stellen Sie sich vor, Sie fahren mit dem Fahrrad auf einer Straße. Sie sehen plötzlich einen größeren Stein auf der Fahrbahn liegen. Wie reagieren Sie? Wenn Sie sich ausschließlich auf den Stein konzentrieren, steuern Sie direkt auf ihn zu. Möchten Sie ihm ausweichen, sollten Sie sich jedoch auf die freie Fahrbahn konzentrieren. Und so verhält es sich mit Ihren Fähigkeiten. Möchten Sie etwas erreichen, legen Sie Ihr Augenmerk darauf, was Sie können und nicht darauf, was nicht. Natürlich haben auch Optimisten Schwächen und sie sind sich derer vollkommen bewusst. Sie konzentrieren sich jedoch auf ihre positiven Eigenschaften. Sie bewegen sich immer auf das zu, worauf Ihr Fokus liegt.

Es scheint ein ungeschriebenes Gesetz zu sein: Gutes zieht Gutes an, Schlechtes das Schlechte. Deshalb erfahren Optimisten auch viel mehr positive Dinge als Pessimisten. Sie lächeln jemanden an. Die Chance, dass diese Person zurücklächelt, ist sehr hoch. Sie sehen jemanden böse an und Sie werden kein Lächeln empfangen.

Unsere innere Einstellung ist ausschlaggebend für Erfolg oder Misserfolg. Wir manipulieren uns selbst, wie ein Experiment zeigt:

Ein Lehrer teilte seinen Schülern mit, dass Braunhaarige klüger seien als Blonde. Die Leistung der Blonden sank schnell ab und die der Braunhaarigen stieg. Nach einiger Zeit entschuldigte sich der Lehrer bei seinen Schülern, denn er habe sich geirrt. Tatsächlich sei es umgekehrt. Richtig, die Noten der Braunhaarigen wurden schlechter, während die der Blonden sich verbesserten.

Achten Sie deshalb darauf, was Sie sich selbst erzählen, denn Sie haben immer recht!

7. Wie Sie Schritt für Schritt eine optimistische Denkweise aufbauen

Die nachfolgenden Strategien werden Ihnen dabei helfen, Schritt für Schritt eine optimistische Denkweise zu erlangen.

Diese Übungen mögen Ihnen einfach vorkommen und Sie denken, es sei leicht, sie umzusetzen. So ist es jedoch leider nicht. Sie werden erfahren, dass sich eine eingefahrene pessimistische Denkweise nicht von heute auf morgen ändern lässt. Was Sie für einen dauerhaften Erfolg benötigen, ist vor allem Ausdauer und ständige Übung. Fallen Sie vor allem nicht in Ihre alten Wege zurück, wenn Sie feststellen, dass Sie sich bei der Umsetzung schwertun. Reden Sie sich nicht ein, dass Sie es nicht schaffen. Bleiben Sie dabei, trainieren Sie Ihre Gedanken, wann immer Sie können und Sie werden nach und nach Ihr Gehirn auf Positiv umprogrammieren.

Hier beginnt Ihre Reise zum Optimisten: Sagen Sie zu sich selbst laut und deutlich, „Ich schaffe das!“. Wiederholen Sie diesen Satz mehrmals täglich, ganz besonders, wenn Sie sich bei negativen Gedanken ertappen.

Sie haben vielleicht viele Jahre damit verbracht, negativ zu denken. Es benötigt vor allem Zeit und Geduld, dies zu ändern. Optimisten geben niemals auf, denken Sie daran. Sie werden kleine Schritte machen, Erfolge erzielen und nach und nach Fortschritte erleben. Misserfolge und Rückschläge sind lediglich eine kleine Störung, die Sie umgehen werden und Sie machen weiter. Der Weg ist das Ziel und dieser wird keine „Autobahn“ sein. Sie werden Umwege machen und es werden

Steine im Weg liegen. Das ist menschlich und auch Optimisten, die bereits dort sind, wohin Sie gelangen möchten, haben mit diesen Schwierigkeiten zu kämpfen. Das Wichtigste für Sie ist, dass Sie nicht aufgeben. Das Positive an diesen „Rückfällen" ist, dass Sie sie bereits erkennen können, dass Ihnen bewusst wird, dass Sie zurück in das alte Fahrwasser gelangt sind. Somit haben Sie die Möglichkeit, die Richtung wieder zu ändern. Wo Flammen auflodern, können Sie löschen. Brodelt es unerkannt im Inneren, haben Sie keine Möglichkeit, gegen den Brand vorzugehen.

Sie werden sicherlich die Frage stellen, wie lange es dauert, bis Sie Ihr Gehirn positiv automatisiert haben. Darauf gibt es leider keine Antwort, denn jeder Mensch ist unterschiedlich und es kommt auch auf die Intensität des Pessimismus an, den Sie sich im Laufe der Jahre angeeignet haben. Der wichtigste Faktor ist, wie hart Sie daran arbeiten, Ihr Ziel zu erreichen. Es liegt an Ihnen! Es werden wahrscheinlich Wochen oder sogar Monate vergehen, bis Sie Ihren inneren Pessimisten vollständig überwältigt haben.

Sie werden auf dieser Reise einen Punkt erreichen, an dem Sie zwar noch immer mit negativen Gedanken zu kämpfen haben, jedoch fühlen Sie sich ihnen nicht mehr hilflos ausgeliefert. Ihre Selbstzweifel und Ängste werden geringer oder verschwinden und Sie bleiben motiviert. Sie geben nicht mehr so schnell auf. Sie merken, dass Sie an einem Knackpunkt angelangt sind, wenn Sie innerliche Gespräche mit Ihrem Pessimisten auf der linken Schulter und dem Optimisten auf der rechten diskutieren. Das ist eine gute Sache! Sie haben einen Zustand erreicht, in dem Sie der Realität am nächsten sind. Sie wägen die Gefahren und möglichen Probleme ab, kapitulieren dabei jedoch nicht mehr, sondern versuchen, eine Lösung zu finden. In dieser Phase haben Sie bereits eine viel bessere Lebensqualität erreicht.

Möchten Sie danach noch höher hinaus, die Realität und möglichen Gefahren so weit hinter sich lassen, dass Sie den Mut finden, Neues und Spannendes zu versuchen, machen Sie weiter mit den Übungen.

Halten Sie sich vor Augen, dass Optimisten ebenfalls mit Zweifeln, Mut- und Hilflosigkeit zu kämpfen haben. Auch sie sind manchmal müde und benötigen eine Pause. Doch positiv denkende Menschen werden sich diesem Zustand nie lange ausliefern, sondern die Dinge schnell wieder in die Hand nehmen und weitermachen. Schließlich wird alles am Ende gut werden!

3 allgemeine Strategien für mehr Optimismus

Diese drei allgemeinen Strategien können Sie zu jeder Zeit im Alltag einsetzen und üben, selbst wenn Sie noch am Anfang Ihrer Transformation vom Pessimisten zum Optimisten sind. Wenden Sie sie jeden Tag an, je öfter, desto besser. Es ist wie das Trainieren eines Muskels oder Erlernen einer neuen Fähigkeit. Sie wiederholen es so oft, bis sich ein Automatismus entwickelt.

1.Meiden Sie negative Menschen

Besonders am Anfang ist es wichtig, sich von negativ denkenden Personen zu distanzieren. Sind Sie immer wieder unschönen Äußerungen ausgesetzt, fällt es Ihnen umso schwerer, positiv zu denken. Erinnern Sie sich daran, was Sie im 6. Kapitel gelernt haben? Optimisten umgeben sich nicht mit Pessimisten. Die negative Einstellung anderer kann Sie sehr stark beeinflussen und daran hindern, sich auf das Positive zu konzentrieren. Es mag hart klingen, doch psychisch gesunde und glückliche Menschen distanzieren sich von denen, die nicht gut für sie sind. Pessimisten ziehen oft andere mit sich runter und vermitteln dabei kein gutes Gefühl. Der erste und einer der wichtigsten Schritte in Richtung Optimist ist also die Distanzierung von Personen um Sie herum, die ständig jammern, nichts Gutes über andere zu sagen haben und die den Teufel an die Wand malen. Suchen Sie den Kontakt zu optimistischen Menschen, die Sie mit ihrer Lebenslust und Freude anstecken und motivieren.

Gibt es keinen anderen Ausweg, als sich mit einem Pessimisten zu umgeben, scheuen Sie sich nicht davor, ihn bei seinem Klagelied zu unterbrechen. Lenken Sie die Unterhaltung auf ein neues Thema. Am besten in die Richtung, in die Sie gehen möchten. Wie beispielsweise mit der Frage, was es gerade Erfreuliches gibt. Lassen Sie sich auf keinen Fall dazu hinreißen, auf das Jammern, die Beschwerden und das Schwarzsehen einzugehen. Oft nützt es auch nicht, positive Gegenargumente zu liefern. Stellen Sie eine direkte Frage, die so formuliert ist, dass kein Raum für Negatives bleibt. Achten Sie zudem auf Ihre eigene Ausdrucksweise, die positiv gestaltet sein sollte.

2.Antworten Sie positiv auf die Frage, wie es Ihnen geht.

Wenn sich jemand nach Ihrem Befinden erkundigt, achten Sie verstärkt darauf, dass Sie die Frage positiv beantworten. Halten Sie es wie die US-Amerikaner.

Wenn Sie dort jemand fragt, wie es Ihnen geht, erwartet niemand eine andere Antwort als „Gut. Und Dir?“. Im Gegenteil - wird diese Frage ausführlich und sogar negativ beantwortet, reagieren die Menschen irritiert. Im Grunde interessiert es niemanden. Es handelt sich lediglich um eine Höflichkeitsfloskel. Ganz so oberflächlich ist es hier zwar nicht, jedoch nicht sehr viel anders. Je nachdem, wer sich danach erkundigt, wie es Ihnen geht. Die Kassiererin im Geschäft, in dem Sie fast täglich einkaufen, ist sicherlich nicht an Ihren Problemen interessiert, möchte jedoch erkennbar machen, dass sie Sie als Stammkunden registriert und höflich sein.

Sie mögen denken, es sei oberflächlich und nicht ehrlich. Sie haben recht! Doch versetzen Sie sich in die Lage der Kassiererin. Sie bedient täglich etwa 20 Stammkunden, bei denen sie besonders freundlich ist und sich nach deren Befinden erkundigt. Stellen Sie sich vor, jeder würde ihr sagen, wie mies es ihm geht, von seinen Sorgen erzählen und überhaupt, die Welt ist schlecht. Die arme Frau könnte diesen Job nicht lange durchstehen und depressiv werden. Antworten Sie also auf diese Frage wie es Ihnen geht mit „Danke, gut!“ Ja, auch wenn dem nicht so sein sollte. Gerade dann ist es wichtig, denn ja, Sie mögen andere anschwindeln, jedoch lügen Sie sich auf eine positive Art selbst an. Wenn Sie sagen, es geht Ihnen schlecht, fühlen Sie sich auch so, weil Sie Ihren Fokus darauf lenken. Treffen Sie auf einen anderen Pessimisten, ziehen Sie sich beide gegenseitig in die dunklen Ecken Ihres Selbst, indem Sie das Leiden der Welt diskutieren. Wenn Sie allerdings vorgeben, es gehe Ihnen gut, fühlen

Sie sich womöglich nicht hervorragend, auf alle Fälle aber nicht miserabel. Es verhält sich so wie mit dem Placebo.
Führen Sie die Übung so aus, dass Sie gerade dann, wenn es Ihnen nicht gut geht, mit dem extremen Gegenteil antworten wie „Hervorragend" und „Sehr gut". Achten Sie jedoch darauf, dass Sie es auch überzeugend sagen, ohne Sarkasmus in der Stimme oder gedämpft. Lassen Sie Ihre Worte so klingen, dass Sie sich glauben. Gute Laune ist ansteckend, somit stecken Sie sich selbst mit Ihrer positiven Einstellung an. Versuchen Sie es, es funktioniert!

3.Machen Sie das Beste aus einer negativen Situation

Sie stehen am Bahnhof und warten auf den Zug zur Arbeit. Sie müssen heute pünktlich sein, denn Sie haben einen wichtigen Termin. Plötzlich kommt die Durchsage, die Bahn würde sich eine Stunde verspäten. Was tun Sie?

Sie haben nun die Wahl, sich einzureden, wie ungünstig diese Situation ist, was Sie alles verpassen werden und es so typisch sei, gerade heute! Oder Sie atmen erst einmal tief durch und denken in Ruhe nach. Wie könnten Sie möglicherweise das Beste aus dieser Situation machen? Finden Sie eine Lösung für das Problem, anstatt sich den Umständen hilflos auszuliefern. Sie haben es in der Hand, wie sich der Rest des Tages gestalten wird. Suchen Sie sich einen ruhigen Tisch im Bahnhofscafé und rufen Sie Ihren Kollegen an. Bitten Sie ihn, den Besuch zu empfangen und im Konferenzraum eine Telefonkonferenz aufzusetzen.

Oder rufen Sie Ihren Gesprächspartner an, mit dem Sie den Termin hatten. Finden Sie gemeinsam eine Lösung. Vielleicht hat er noch etwas anderes zu tun und Sie treffen sich später? Es gibt immer einen Weg. Sollte der Termin tatsächlich platzen, versuchen Sie positiv zu bleiben, indem Sie sich daran erinnern, dass alles einen Grund hat.

Bleiben Sie vor allem gelassen. Sind Sie aufgeregt, verärgert und hoffnungslos, werden Sie keine Lösung für das Problem finden können. Sie sind viel zu sehr damit beschäftigt, Ihr Leid zu klagen. Ist diese eine Stunde Verspätung etwa das Ende Ihrer Karriere, Ihres Lebens? Ganz sicher nicht. Kommen Sie zur Ruhe und sagen Sie sich, dass alles gut wird.

Wie Sie durch die Änderung Ihrer Gedanken Ihre Gefühle beeinflussen können

Optimisten sind der festen Überzeugung, die Kontrolle über ihr Leben zu haben. Sie glauben daran, ihr Schicksal beeinflussen zu können. Um diesen Zustand erreichen zu können, müssen Sie lernen, Ihre Gefühle und Gedanken zu steuern. Wenn Sie es schaffen, Ihre Emotionen zu kontrollieren und zu lenken, werden Sie nicht mehr das hilflose Opfer sein.

Wenn Ihnen negative Menschen und schlechte Nachrichten Angst machen oder Sie verärgern und Ihnen der Gedanke an das miese Wetter oder finanzielle Verluste depressiv macht, sind Sie damit nicht alleine. Sie fühlen sich diesen Einflüssen hilflos ausgesetzt und sind gefangen in einer Welt, die nur aus Gefahren zu bestehen scheint. Seien Sie ehrlich: Sind Ihre Laune und Ihr Wohlbefinden viel von anderen und den Umständen abhängig?

Sind Sie der Meinung, sie würden sich gar nicht besser fühlen können, weil Sie sich gerade in einer schwierigen Situation befinden? Damit gestatten Sie anderen und dem, was um Sie herum geschieht, Ihre Lebensqualität zu bestimmen. Sie geben ihnen die Macht über Ihr Glück und fallen in die Opferrolle. Sie fühlen sich hilflos und den Umständen ausgeliefert.

Das muss jedoch nicht so sein. Sie haben es in der Hand, Ihr seelisches Wohlbefinden zu steigern und nicht mehr nur hilflos dabei zusehen zu müssen, wie alles schlecht zu sein scheint. Sie können tatsächlich morgens aufstehen und sich aktiv dazu entscheiden, dass es ein guter Tag werden wird. Sie haben die Möglichkeit zu lernen, dass Sie sich so verhalten und fühlen, wie Sie möchten. Egal, ob Sie heute einen Rückschlag einstecken müssen oder sich Ihre Kollegen wegen des Regenwetters ganz besonders beschweren.

Das Ziel zu erreichen, über Ihre Gefühle und Ihre Einstellung Herr zu werden, ist jedoch nicht ganz einfach. Es wird von Ihnen viel Geduld, Zeit und Durchhaltevermögen abverlangen. Etwas zu lernen bedeutet, hart daran zu arbeiten.

Sie müssen sich über einen wichtigen Punkt klar werden: Niemand hat die Macht, Ihre Gefühle zu verletzen, Sie in schlechte Laune zu versetzen oder Sie zu verärgern. Es ist einzig und alleine Ihre Reaktion auf etwas. Sie entscheiden, was es mit Ihnen macht und wie es sich auf Ihr Wohlbefinden auswirkt. Sie fragen sich, wie das möglich sein kann?

Wenn Ihr Partner Sie betrügt, verletzt er Ihre Gefühle. Das ist richtig, doch Sie entscheiden, wie sehr Sie diesem Ereignis erlauben, Macht über Sie zu haben. Selbstverständlich sind Sie verletzt, verärgert, enttäuscht und Ihre Welt scheint zusammenzubrechen. Selbst der größte Optimist wird erst einmal niedergeschmettert sein. Diese Reaktion ist absolut menschlich und sehr verständlich. Doch wohlgemerkt: erst einmal. Denken Sie nicht, Sie wären für all das Unglück, das Ihnen widerfährt, selbst verantwortlich. Wie viel Macht geben Sie einer schwierigen Gesamtsituation? Sie können zwar nicht verhindern, dass Sie auf Probleme stoßen werden und sich dabei schlecht fühlen, jedoch haben Sie es in der Hand, was Sie aus der Situation machen. Geben Sie sich ihr passiv hin oder packen Sie sie an, um etwas zu ändern?

Wenn es möglich ist, sich als Pessimist negative Gefühle einzureden, besteht auch die Möglichkeit, diese in positive umzuwandeln. Hier liegt Ihre Chance. Sie müssen diese Macht über Ihre Emotionen lediglich richtig einsetzen. Sie sind in der Tat bereits sehr gut darin, Ihre Gedanken und damit Ihre Gefühle zu kontrollieren. Sie nutzen diese Fähigkeit wahrscheinlich oft nur falsch.

Den Einfluss unserer Gedanken auf unsere Emotionen wird das ABC der Gefühle genannt.

A – eine Situation, in der Sie optimistischer sein möchten

B – Ihre Gedanken, Einstellungen und Bewertungen

C – Ihre Gefühle und Verhaltensweisen

Ein Beispiel:

A - Ihr Vorgesetzter möchte Sie plötzlich befördern, weil Sie sich so sehr bemühen und gute Arbeit leisten. Wie reagieren Sie spontan darauf? Freuen Sie sich über diesen Erfolg oder macht Ihnen die neue Aufgabe Angst? Mit welchen Worten hat Ihnen

Ihr Chef diese Beförderung mitgeteilt? Wie haben Sie sie empfunden und interpretiert?

B - Pessimisten lesen womöglich zwischen den Zeilen:

„Was meint er mit bemühen? Muss ich mich noch mehr bemühen, um es besser zu machen? Wie soll ich es schaffen, die ganze Abteilung zu führen? Was, wenn ich meinen Chef enttäusche? Dann verliere ich meinen Job!"

Wenn Sie ähnliche Gefühle wie diese empfinden, nehmen Sie sie wahr, atmen Sie tief durch und beruhigen Sie sich. Um auf diese Situation positiv zu reagieren, können Sie einen Zwischenschritt machen, um Ihre Gedanken in eine realistische Richtung zu lenken. Versuchen Sie von Ihrer emotionalen Einschätzung Abstand zu gewinnen. Stellen Sie sich die folgenden Fragen:

Entsprechen Ihre Gedanken den Tatsachen?

Helfen Ihnen diese Gedanken dabei, sich so zu fühlen und zu verhalten, wie Sie es möchten?

Wenn Sie die Fragen mit Nein beantworten, dann handelt es sich um einen pessimistischen Gedanken, der nicht der Realität entspricht.

Der Realitätscheck: „Was, wenn ich meinen Chef enttäusche? Dann verliere ich meinen Job!"

Entsprechen diese Gedanken den Tatsachen?

Nein, das tun sie nicht, denn Sie können noch nicht wissen, ob Sie Ihren Chef enttäuschen werden, sondern Sie gehen davon aus. Warum sollten Sie Ihren Job verlieren? Sie sind doch gerade befördert worden! Ihre Gedanken sind haltlose Befürchtungen ohne jeden Beweis für die Richtigkeit. Verhalten Sie sich wie ein Anwalt, der sich gegen den Pessimismus und für den Optimismus einsetzt. Nehmen Sie die Argumente des Pessimisten detailliert auseinander und begründen Sie, warum er falsch liegt.

Helfen Ihnen diese Gedanken dabei, sich so zu fühlen und zu verhalten, wie Sie es möchten?

Weit gefehlt! Wie können Sie in der neuen Rolle erfolgreich sein, wenn Sie sofort an sich zweifeln und sich einreden, dass Sie es nicht können?

Sie wissen nun, dass es sich um pessimistische Gedanken handelt, die nicht real sind. Sie entsprechen nicht den Tatsachen und ganz sicher fühlen Sie sich mit ihnen nicht gut. Wie können Sie nun aktiv Ihre Gedanken so umformulieren, dass Sie realistisch sind und Ihnen dabei helfen, sich zu freuen?

Beginnen wir mit einer realistischen Ansicht:

„Ich weiß nicht, ob ich dieser Herausforderung gewachsen bin. Wir werden sehen. Ich werde auf alle Fälle mein Bestes geben. Sollte ich dem nicht gewachsen sein, habe ich es wenigstens versucht. Ich nehme die Herausforderung gerne an."

Mit der realistischen Einstellung haben Sie zwar noch immer Zweifel, doch zumindest geben Sie dem Ganzen eine Chance. Sie wissen, dass es schief gehen könnte, doch Sie bereiten sich mental darauf vor, sodass Sie es nicht als Versagen ansehen werden, sollte es nicht klappen. Sie agieren lösungs- und nicht problemorientiert.

Ein Optimist ist Feuer und Flamme und freut sich über die Anerkennung, die er von seinem Chef erhält. Er weiß, dass er diese Beförderung verdient hat. Er fühlt sich durch den Erfolg noch mehr motiviert und freut sich darauf, zeigen zu können, was in ihm steckt.

Das Fazit ist: eine Situation, drei ganz verschiedene Reaktionen. Wie Sie sich fühlen, hängt alleine von Ihren Gedanken und Ihrer Sichtweise der Dinge ab.

Anfangs wird es Ihnen wahrscheinlich schwer fallen, wie der Optimist zu denken, da es völlig „gegen Ihre Natur“ zu sein scheint. Deshalb sollten Sie sich langsam herantasten, indem Sie versuchen, realistisch zu denken. Durch diese Einschätzung werden Sie sich besser fühlen und sich selbst eine Chance geben. Prüfen Sie Ihre pessimistischen Gedanken mit den beiden Fragen, die wir soeben im Beispiel angewendet haben. Sie übernehmen damit bereits das Ruder und fühlen sich motivierter. Jeder pessimistische Gedanke, den Sie mit einem realistischen ersetzen können, ist ein großer Erfolg und ein Schritt in die richtige Richtung.

Visualisierungsübungen

Die folgenden Visualisierungsübungen helfen Ihnen dabei, Ihre Gedanken und Ihre Sichtweise dauerhaft in eine positive Richtung zu lenken.

Beginnen wir mit einem Beispiel:

Frau Schmidt ist Immobilienmaklerin und fühlt sich entmutigt und niedergeschlagen. Jedes Mal, wenn Kunden sich gegen ein Objekt entscheiden, verliert sie die Motivation und ist deprimiert.

Sie hat erkannt, dass sie ihre Gedanken und Emotionen daran hindern, Geschäfte abzuschließen. In einer Therapiesitzung wurde sie dazu aufgefordert, die Situation in drei Schritten niederzuschreiben, nachdem sie gerade einen potentiellen Kunden verloren hat.

1. Die Situation:

   „Ich sitze in meinem Büro und möchte den nächsten potenziellen Kunden anrufen."

2. Ihre Gedanken:

   „Ich möchte nicht noch eine weitere Absage bekommen. Ich bin zu nichts fähig und keine gute Immobilienmaklerin. Ich mache alles falsch. Ich kann mir diesen Anruf sparen."

3. Ihr Verhalten und ihre Gefühle:

   „Ich habe keine Lust, bin demotiviert, niedergeschlagen und weiß nicht, was ich tun soll. Es ist sinnlos."

Inzwischen können Sie die schädlichen Gedanken schon erkennen, die Frau Schmidt hat. Sie demotiviert sich selbst und versucht erst gar nicht, etwas zu ändern. Durch ihre pessimistischen Selbstgespräche ist es schier unmöglich, motiviert zu sein. Um sich aus dieser scheinbar hoffnungslosen Situation befreien zu können, muss sie die negativen Gedanken durch positive ersetzen. Dies gelingt, indem sie bewusst ihre Einstellung zu dem Anruf ändert.

Als nächsten Schritt wendet Frau Schmidt die zwei Regeln für realistisches Denken an. Zur Erinnerung:

Entsprechen diese Gedanken den Tatsachen?

Helfen Ihnen diese Gedanken dabei, sich so zu fühlen und zu verhalten, wie Sie es möchten?

Frau Schmidts Gedanken entsprechen nicht den Tatsachen, da sie nicht vorhersehen kann, wie der Kunde reagieren wird. Wie das Gespräch verlaufen wird, weiß sie nicht. Der Ausgang des Telefonats sagt zudem nichts über ihre Fähigkeiten als Immobilienmaklerin aus.

Sie fühlt sich schlecht und niedergeschlagen, was ihr nicht dabei hilft, sich so zu fühlen, wie sie möchte.

Im letzten Schritt formuliert Frau Schmidt ihre Gedanken in realistische um:

„Es ist unmöglich zu sagen, ob der nächste Kunde Erfolg bringen wird oder nicht. Meine Erfahrung hat gezeigt, dass es einige Interessenten für ein Objekt benötigt, bis letztlich jemand kauft. Es ist ganz normal, dass einige abspringen werden. Es sagt nichts über meine Fähigkeiten als Immobilienmaklerin aus. Ich habe in der Vergangenheit bereits zahlreiche Häuser verkauft, also werde ich auch dieses Objekt an den Kunden bringen. Es könnte noch einige Gespräche und Treffen benötigen, bis es soweit ist, doch am Ende werde ich Erfolg haben."

Perfekt! Sie blickt nach vorne und bleibt motiviert. Nur so kann sie Erfolg haben. Was denken Sie, wie sich Frau Schmidt mit diesem Gedanken fühlt? Sie fühlt sich allgemein zufriedener, hat Mut geschöpft und ist motiviert.

Gehen wir noch einen Schritt weiter. Frau Schmidt malt sich in Gedanken aus, wie sie vor ihrem Telefon sitzt und potenzielle

Kunden anrufen möchte. Dabei holt sie sich die positiv formulierten Sätze in Erinnerung und wiederholt sie ein paarmal. Sie fordert sich selbst dazu auf, den Hörer in die Hand zu nehmen. Vielleicht klappt es nicht mit diesem Gesprächspartner, doch womöglich mit dem Nächsten. Frau Schmidt stellt sich vor, wie es wäre, wenn die andere Person Interesse zeigt.

Im Laufe der Zeit werden Sie automatisch damit beginnen, sich selbst durch Ihre positiven Gedanken zu stärken und zu motivieren. Finden Sie eine ähnliche Situation wie die von Frau Schmidt und wenden Sie diese Schritte an. Stellen Sie sich den Umstand vor, wann immer Sie können. Führen Sie in Gedanken motivierende Selbstgespräche. Wenn Sie auf den Bus warten, in der Mittagspause, vor dem Zubettgehen – wann immer es möglich ist.

Packen Sie genau diese Situationen an, vor denen Sie sich scheuen, die Selbstzweifel in Ihnen hervorrufen. Analysieren Sie sie wie in diesem Beispiel und setzen Sie es dann um. Sie werden sehen, dass Sie vielleicht nicht sofort erfolgreich sind, sich dabei jedoch viel besser fühlen. Und letztlich werden Sie Erfolg haben!

Gehen Sie Schritt für Schritt vor, packen Sie immer nur eine Situation an, an der Sie arbeiten möchten. Erst wenn Sie das Gelernte erfolgreich umsetzen können, sollten Sie sich an die Nächste machen. Möchten Sie zu viele Dinge auf einmal angehen, fehlt Ihnen der Fokus und Sie werden keinen Erfolg erzielen. Seien Sie geduldig mit sich selbst.

Weitere Wege, um mehr Kontrolle über die eigenen Gefühle und Gedanken zu erhalten:

Sie fühlen sich hilflos, weil sie denken, dass sie es sind. Sie müssen damit aufhören, sich einzureden, dass Sie keine Macht über sich und Ihr Leben haben.

Schreiben Sie Ihre eigenen Leitsätze zur Erlangung der Kontrolle über Ihr Leben auf:

- Ich bestimme, wie ich mich fühle.
- Ich habe die Kontrolle über mich und mein Leben.
- Ich bestimme, wie ich auf andere und Umstände reagiere.
- Ich fühle mich hilflos, weil ich denke, ich sei hilflos.
- Ich habe die Fähigkeit, über mich und meine Gefühle zu bestimmen.

Lassen Sie Worten immer Taten folgen. Diese Übungen machen nur Sinn, wenn Sie danach das tun, was Sie sich sagen. Sie müssen sich entsprechend verhalten, um damit Erfolg haben zu können. Dieser Punkt ist einer der schwierigsten, denn Sie müssen genau das tun, wovor Sie immer Angst hatten. Ihr Denken ist noch nicht auf positiv umprogrammiert. Sie müssen sich zur Ausführung zwingen. Doch Sie werden sehen, dass es Ihnen mit der Zeit immer leichter fallen wird. Sie werden erkennen, dass Sie Erfolge erzielen und die Situation wird ihren Schrecken verlieren. Sie werden begreifen, dass nicht Ihre negativen Gedanken über Ihr Leben herrschen, sondern dass Sie die Macht über das haben, was Sie denken. Sie erlangen die Kontrolle darüber, wie Sie sich fühlen. Es mag nicht sofort funktionieren, doch bleiben Sie bitte daran. Sobald Sie es zum ersten Mal geschafft haben, Ihren Pessimismus zu bekämpfen, wird es leichter. Um aus dem dunklen Loch des Pessimismus aufzusteigen, müssen Sie etwas tun. Niemand außer Sie selbst kann Ihnen dabei helfen.

Stärken Sie das Vertrauen in Ihre eigenen Fähigkeiten

Das, was wir leisten und die Erfolge, die wir haben, resultieren niemals aus dem, was wir können, sondern werden durch unser Selbstvertrauen gesteuert. Menschen verhalten sich nicht danach, welche Begabungen und Fähigkeiten sie haben, sondern woran sie glauben, was sie können oder nicht. Talent ist nicht der ausschlaggebende Faktor, um erfolgreich zu sein. Unsere Fähigkeiten und Erfahrungen können uns zwar dabei helfen, Selbstvertrauen zu gewinnen, doch haben wir es nicht, hilft das alles nichts. Wenn Sie denken, dass Sie etwas nicht bewerkstelligen können, wird es auch nicht klappen. Wir verhalten uns immer entsprechend unserer Überzeugung. Menschen, die weitaus weniger talentiert und erfahren sind als Sie, können mehr erreichen als Sie, wenn Sie nicht an sich glauben.

Die Grenzen, an die wir stoßen, existieren ausschließlich in unseren Köpfen. Nur weil Sie und andere sagen, etwas sei nicht möglich, muss es nicht so sein. Haben Sie es versucht? Haben diese Personen, die Ihnen das einreden möchten, es ausprobiert? Lassen Sie sich nicht durch negative Gedanken und Selbstzweifel davon abhalten, das zu tun, das Sie bewerkstelligen möchten.

Um Ihre Ziele zu verfolgen und zu erreichen, müssen Sie von dem pessimistischen Teufelchen in sich Abschied nehmen, es verjagen und für immer verbannen. Jetzt können Sie beginnen, das wieder aufzubauen, was es zerstört hat: Ihr Selbstvertrauen.

Diese drei Wege helfen Ihnen dabei, Ihr Selbstwertgefühl zu stärken und positiver zu denken:

1. „Ich kann."

Wann immer Sie sich sagen, dass Sie es nicht können, halten Sie mit „Ich kann das" oder „Ich schaffe das" entgegen. Denken Sie daran, dass Ihre Gründe, warum sie etwas nicht können sollten, unrealistisch sind. Sie haben es noch gar nicht versucht, wie können Sie wissen, dass Sie es nicht schaffen? Geben Sie sich die Chance, sich selbst zu beweisen, dass Sie unrecht haben. Sollten Sie nicht auf Anhieb erfolgreich sein, reden Sie sich nicht ein, dass es an Ihren Fähigkeiten liegt. Versuchen Sie es erneut, dieses Mal mit der vollen Überzeugung, dass Sie durchaus in der Lage sind.

Sie werden sehr viele dieser „Selbstgespräche" führen müssen, um wirklich davon überzeugt zu sein, dass Sie es können. Verhalten Sie sich so, dass Sie glaubwürdig werden. Suchen Sie nicht nach Gründen, die Sie darin bestätigen, dass Sie unfähig sind. Rückschläge sind normal und jeder muss welche einstecken. Doch deshalb aufzugeben kommt nicht infrage. Fragen Sie sich, warum sich so vieles in Ihnen dagegen sträubt, an sich zu glauben. Warum scheint es Ihnen wichtiger zu sein, dass Sie recht hatten, dass Sie tatsächlich unfähig sind? Das macht keinen Sinn, richtig? Es ist das, was Sie gelernt haben, das Sie gut kennen, Ihnen vertraut ist. Ihr Pessimismus ist im Laufe der Jahre ein Freund geworden, leider ein sehr schlechter. Trennen Sie sich von dieser toxischen Beziehung, die nichts Gutes für Sie bringt.

2. Identifizieren und fokussieren Sie sich auf Ihre Stärken

Wie reagieren Sie, wenn Sie nach Ihren Stärken gefragt werden?

Fällt Ihnen nichts ein oder nur Ihre Schwächen? Macht es Sie verlegen, über Ihre positiven Eigenschaften nachzudenken oder gar darüber zu sprechen?

Jeder Mensch hat Stärken. Greifen Sie nicht gleich nach den Sternen, denken Sie nicht, dass Ihre positive Eigenschaft etwas Außergewöhnliches sein muss. Es gibt keine kleinen oder großen Stärken. Vergleichen Sie sich nicht mit anderen. Sollte Ihnen nichts einfallen, heißt es nicht, dass Sie keine haben. Sie wertschätzen Ihre Fähigkeiten nur nicht oder Sie denken, sie wären nicht wichtig, denn schließlich hat diese jeder. Ihr Anspruch an Sie selbst ist viel zu hoch. Es geht nicht darum, besser zu sein als andere, es ist kein Wettkampf. Es geht einzig und alleine um Sie, um die Verbesserung Ihrer Lebensqualität. Es geht darum, dass Sie verstehen, dass Sie es wert sind, ein glückliches und zufriedenes Leben zu führen. Nur weil Sie Eigenschaften und Fähigkeiten haben, die andere auch haben, heißt es nicht, dass Sie kein wertvolles Einzelstück sind. Auch Optimisten sind wie viele andere positiv denkende Menschen. Doch sie sehen darin kein Problem.

Sich seiner Stärken bewusst zu sein, hat nichts mit Egoismus oder Narzissmus zu tun. Selbstliebe und ein starkes Selbstwertgefühl zeugen nicht von einem schlechten Charakter. Es ist ein Indiz für mentale Stabilität. Um sich selbst so akzeptieren zu können, wie man ist, muss man nicht perfekt sein. Wir sind nur Menschen und niemand ist ohne Fehler. Seine Schwächen zu akzeptieren heißt nicht, sie zu ignorieren. Konzentrieren Sie sich jedoch auf diese, geben Sie Ihren positiven Eigenschaften keine Entfaltungsmöglichkeiten und Sie definieren sich selbst über Ihre weniger guten Seiten. Möchten Sie das? Möchten Sie wirklich, dass andere Sie so sehen, wie Sie sich selbst? Nein? Dann müssen Sie bei sich beginnen und so handeln, wie die Person, die Sie sein möchten.

Denken Sie so lange nach, bis Ihnen wenigstens 5 Stärken eingefallen sind. Schreiben Sie sie nieder und ergänzen Sie die Liste, sobald Ihnen mehr einfällt. Lesen Sie sich jeden Morgen Ihre Stärken laut vor.

3. Feiern Sie Ihre Erfolge

Jeder Schritt, den Sie in Richtung positives Denken machen, muss gefeiert werden! Sie arbeiten hart daran, um an Ihr Ziel zu kommen, also belohnen Sie sich auch! Sie bleiben dadurch motiviert und möchten immer weiter machen. Dabei ist es egal, wie klein oder groß ein Erfolg ist. Freuen Sie sich darüber und tun Sie sich etwas Gutes! Sie stärken damit Ihren Mut, Neues auszuprobieren, Sie entwickeln nach und nach mehr Selbstvertrauen und Ihre allgemeine Stimmung wird gehoben.

Klopfen Sie sich ruhig öfter selbst auf die Schulter. Sagen Sie laut zu sich „Gut gemacht!". Halten Sie sich vor Augen, dass Sie auf dem besten Weg sind, Ihr Ziel zu erreichen. Sie gehen nun vorwärts und bleiben nicht mehr stehen oder kehren gar um.

Stecken Sie sich keine zu gewaltigen Ziele, die unerreichbar erscheinen. Teilen Sie Ihren Weg dorthin in viele kleine Abschnitte ein. Konzentrieren Sie sich ausschließlich auf den nächsten Meilenstein. Damit erscheint das Ziel nicht so weit weg und sie bleiben motiviert, erhalten neue Energien, um weiter zu machen.

8. Wie Sie durch Dankbarkeit mehr Freude in Ihr Leben ziehen

Kennen Sie das Gefühl von tiefer Dankbarkeit? Damit ist nicht die Höflichkeitsfloskel „Danke“ gemeint, wenn Sie jemandem etwas übergeben und Ihnen dafür gedankt wird. Es geht um das tiefe Gefühl, das wir haben, wenn wir uns den positiven Seiten des Lebens bewusst werden. Sie haben dieses Empfinden nur sehr selten oder sogar nie? Auch Dankbarkeit kann man lernen und stärken.

Was ist Dankbarkeit?

Tief verbundene Dankbarkeit ist eine Haltung, ein Lebensgefühl. Es handelt sich um eine ausgesprochen intensive Empfindung, eine Wertschätzung und Anerkennung dessen, wer wir sind oder was wir haben.

Menschen, die fähig sind, sich an den kleinen Dingen des Lebens zu erfreuen, leben glücklicher. Dankbare Personen leben bewusster und sehen vieles klarer. Sie halten inne, atmen tief durch und genießen diesen Moment der Dankbarkeit. Sie erkennen die wahren Schätze im Leben und sind zufrieden mit dem, was sie haben. Wofür sind Sie dankbar?

Selbst die Wissenschaft und Psychologen beschäftigen sich mit dem Thema der Dankbarkeit. Studien haben gezeigt, dass sich eine dankbare Einstellung zum Leben positiv auf unser Gehirn und sogar auf die Gesundheit auswirkt. Verbundene Menschen haben eine optimistischere Sicht auf Ihr Leben und die Zukunft. Sie sind zufriedener, belastbarer und einfühlsamer.

Dankbarkeit macht glücklich

Dass sich Dankbarkeit auf das Wohlbefinden auswirkt, zeigt ein Experiment:

Eine Reihe von Testpersonen wurde in zwei Kategorien eingeteilt. Die erste Gruppe hatte die Aufgabe, bis zu fünf Minuten darüber nachzudenken, wofür sie dankbar sind. Die zweite Gruppe wurde dazu angehalten, einfach nur an das zu denken, was ihnen gerade in den Sinn kommt. Dies wurde über zehn Wochen einmal wöchentlich wiederholt. Das Ergebnis war erstaunlich: Die Probanden in der Gruppe der Dankbaren waren während der gesamten Testzeit motiviert, sie verfügten über eine positive Einstellung und sie konnten sogar bessere Gesundheitswerte nachweisen.

Dankbarkeit wirkt sich positiv auf Beziehungen aus

Ein anderes Experiment ließ Paare über 14 Tage hinweg in ein Tagebuch schreiben. Dort sollten sie aufschreiben:

- Haben sie heute etwas Gutes für ihren Partner getan?
- Hat ihr Partner heute etwas Gutes für sie gemacht?
- Wie haben sie sich dabei gefühlt?
- Wie denken sie über die Partnerschaft?

Das Ergebnis war, dass beide nicht nur erkannten, dass ihr Partner gut zu ihnen war, sondern sie empfanden allgemein eine Dankbarkeit für ihre Beziehung.

Dankbarkeit stärkt das Herz

Dankbarkeit wirkt sich laut Studien auf unsere Herz-Kreislauf-

Gesundheit aus. In medizinischen Untersuchungen stellte man fest, dass sich die Herzfrequenzvariabilität erhöhte, die Beschwerden bei Herzinsuffizienz verringert wurden und das Risiko für einen Herzinfarkt abnahm.

Dankbarkeit sorgt für einen besseren Schlaf

Eine Studie der Universität Manchester zeigt, dass dankbare Menschen über einen besseren und tieferen Schlaf verfügen und leichter einschlafen können. Daraus resultierend waren sie auch leistungsfähiger.

Dankbarkeit mindert Stress

Wer dankbar für das ist, was er hat und für die kleinen Freuden im Leben, ist wesentlich resistenter gegen Stress. Forschungen an der Universität von Pennsylvania zeigten, dass Testpersonen mit Dankbarkeitsübungen Stress reduzieren konnten und viel seltener psychische Krankheiten entwickelten als Probanden ohne Dankbarkeit.

Dankbarkeit lindert Depressionen

Dankbarkeit kann einen großen Einfluss auf Depressionen und Angststörungen haben. Bei einem Versuch schrieben depressive Testpersonen dreimal in der Woche für je eine halbe Stunde Dankesbriefe. Drei Monate später stellten die Forscher fest, dass dank der Übung zahlreiche Gehirnregionen aktiviert wurden. Durch das Schreiben der Dankesbriefe waren die Probanden allgemein zufriedener und es setzte ein positiveres Lebensgefühl ein.

Welchen Einfluss kann Dankbarkeit auf Ihr Leben haben?

Selbstverständlich hat jeder mal einen schlechten Tag. Auch ein eingefleischter Optimist ist ab und zu genervt und ausgelaugt, weil nichts gelingen will. Der Unterschied liegt jedoch darin, wie sehr man sich davon beeinflussen lässt. Selbst dieser Tag hatte etwas Gutes, ganz bestimmt! Sei es „nur“, dass man nach Hause kommt und von einem Lächeln empfangen wird oder sich über ein schmackhaftes Abendessen freut. Dankbarkeit kann unser Leben enorm beeinflussen. Fokussieren Sie sich auf die Dinge, denen Sie sich verbunden fühlen, erleben Sie ein Gefühl der Zufriedenheit und Freude. Dankbarkeit im Alltag zieht weitere positive Effekte nach sich wie:

Sie wertschätzen Ihr Leben.
Sie freuen sich über die kleinen Dinge.
Sie sind selbstbewusster.
Sie strahlen Zufriedenheit aus und wirken so anziehender auf andere.
Sie brauchen weniger.
Sie haben weniger Stress.
Sie haben weniger Ängste.
Sie erkennen Chancen und Möglichkeiten.
Sie sind gelassener.
Sie sind resistenter gegenüber Krisen.
Sie sind widerstandsfähiger.
Sie haben ein stärkeres Wohlbefinden und Selbstwertgefühl.

Ohne Dankbarkeit sehen Sie nur das, was Ihnen fehlt. Sie trauern Dingen nach, Sie sehnen sich nach etwas, das Sie gerne hätten und vergessen voll und ganz, was Sie tatsächlich haben. Sie leben nicht im Hier und Jetzt. Sie wirken auf andere frustriert und unattraktiv. Unzufriedene und undankbare Menschen haben nachweislich weniger Erfolg. Haben sie einmal etwas erreicht, können sie es viel weniger genießen und annehmen, da sie keine tiefe Dankbarkeit empfinden können.

5 Wege, um Dankbarkeit zu lernen

Auch Dankbarkeit kann trainiert werden. Läuft alles gut im Leben, tendieren wir dazu, es als selbstverständlich anzusehen und kaum noch wahrzunehmen, was wir haben. Etwas als gegeben hinzunehmen hat keine positive Wirkung auf unser Leben. Wir müssen aktiv unser Dankbarkeitsempfinden stärken.

1. 5-Finger:

Diese Übung gibt Ihnen einen Motivationskick oder sie erinnert Sie daran, wofür Sie dankbar sind.

Daumen: Auf was sind Sie stolz?

Zeigefinger: Deuten Sie auf etwas Schönes um Sie herum.

Mittelfinger: Haben Sie etwas für jemanden getan und fühlen Sie sich dabei gut? Was ist das Nächste, das Sie machen können?

Ringfinger: Wen lieben sie oder haben Sie aus tiefstem Herzen geliebt? Denken Sie an alle Menschen, für die Sie innige Gefühle haben.

Kleiner Finger: Wofür sind Sie zutiefst dankbar?

2. Das Dankbarkeitstagebuch

Kaufen Sie sich ein schönes Notizbuch und schreiben Sie jeden Abend in Ruhe mindestens drei Dinge auf, für die Sie heute dankbar sind. Mit dieser Übung blicken Sie positiv auf den Tag zurück, selbst wenn er nicht so angenehm war. Sie werden sich bewusst, was Sie haben und wie gut es Ihnen geht. Sie wertschätzen die schönen Ereignisse und Erlebnisse im Leben und können sie viel intensiver genießen. Es muss sich nicht um große Dinge handeln, für die Sie heute dankbar sind. Es kann ein Lächeln sein, das Sie von einem Fremden erhalten haben, der wunderschöne Sonnenuntergang, das wohlschmeckende Essen oder der Mensch, den Sie lieben.

Sie können mehr zum Dankbarkeitstagebuch im letzten Kapitel erfahren.

3. Der 5-Münzen-Trick

Der 5-Münzen-Trick wurde von Hyler Bracey, CEO der Atlanta Consulting Group, entwickelt. Bracey steckt sich jeden Tag fünf Geldstücke in die Tasche seiner Anzugjacke. Jedes Mal, wenn er im Laufe des Tages einen Mitarbeiter für seine gute Arbeit lobt, wechselt er eine Münze von der einen in die andere Tasche. Alle müssen täglich die Tasche wechseln.

Diese Übung hilft Ihnen dabei, dass Dankbarkeit zur Gewohnheit wird. Stecken Sie fünf Münzen in eine Tasche und erkennen Sie bewusst am Tag mindestens fünf Erlebnisse, für die Sie dankbar sind.

4. Achtsamkeitsübung

Durch das Trainieren Ihrer Achtsamkeit lernen Sie, den Augenblick im Hier und Jetzt bewusst zu erleben. Halten Sie kurz inne und nehmen Sie den Moment wahr. Nutzen Sie jede Pause dazu, sich bewusst umzusehen. Achten Sie dabei auf Details und lassen Sie sich Zeit, bis Sie zum nächsten wandern. Um das Gefühl zu verstärken, können Sie das, was Sie sehen, anfassen oder daran riechen. Achten Sie darauf, woran Sie dabei denken, was Ihnen in den Sinn kommt.

5. Dankbarkeit mitteilen

Während es früher zum guten Ton gehörte, Dankeskarten zu schreiben, ist diese Tradition bedauerlicherweise in Vergessenheit geraten. Sind Sie jemandem für etwas dankbar, schicken Sie ihm eine Karte. Sie können dies beispielsweise für Ihren Kollegen tun, der Sie bei einer schwierigen Aufgabe unterstützt hat. Oder eine schlichte Notiz für Ihren Partner am Kühlschrank. Jeder freut sich über diese kleine Aufmerksamkeit, die eine große Wirkung hat. Sie wird auf jeden Fall ein Lächeln auf das Gesicht des Empfängers zaubern!

9. 8 simple Tipps und Tricks für mehr Glück im Alltag

Tipp 1: Entspannen und glücklich sein

Lösen Sie sich vom Stress des Alltags und den immer höher werdenden Anforderungen. Machen Sie eine Pause vom Druck, funktionieren zu müssen und lassen Sie alle Erwartungen hinter sich. Damit beugen Sie stressbedingten Krankheiten wie Angstzuständen und Depressionen vor. Werden Sie sensibler dafür, sich selbst diesem Stress auszusetzen und springen Sie vom Hamsterrad ab.

So gelingt es Ihnen, sich von dem Druck, der auf Ihnen lastet, zu lösen: Setzen oder legen Sie sich bequem hin und atmen Sie tief durch. Sagen Sie sich, dass Sie okay sind, so wie Sie sind. Machen Sie sich bewusst, dass Sie nicht immer hoch hinaus, perfekt sein und durchgehend Erfolg haben müssen. Sie können dieses Tempo nicht lange durchhalten und Ihre Lebensqualität leidet darunter.

Das heißt nicht, dass Sie nicht versuchen sollen, Ihre Ziele zu erreichen. Doch werden Sie sich klar darüber, welche wirklich Ihr eigener Wunsch sind und welche von Außen kommen. Entspannen Sie sich, kommen Sie zur Ruhe. Und wenn Sie etwas verändern möchten, weil es wirklich Ihr Wunsch ist, tun Sie es! Packen Sie es an!

Tipp 2: Träumen Sie

Was sind Ihre Ziele im Leben und wovon träumen Sie? Worin liegt der Sinn in Ihrem Leben? Was erfüllt Sie?

Visualisieren Sie ein Leben, wie Sie es sich wünschen. Ganz egal, ob diese Träume real sind oder nicht. Stellen Sie sich detailliert vor, wie es wäre, erfüllt zu leben. Denken Sie nicht daran, ob andere Menschen in Ihrem Leben der Meinung sind, diese Träume seien nicht erfüllbar und verrückt. Sind sie es wirklich? Nur weil sich manche etwas nicht vorstellen können, heißt es noch lange nicht, dass es nicht machbar ist. Vielleicht machen Sie das vermeintlich Unmögliche möglich? Wie das funktionieren kann? Bestimmt nicht, indem Sie es nicht versuchen. Also folgen Sie Ihren Visionen. Machen Sie kleine Schritte in Richtung Lebenstraum. Sie werden kleinere oder auch größere Erfolge auf diesem Weg verzeichnen können und das wird sich gut anfühlen! Doch probieren Sie es aus, sonst werden Sie nie erfahren, ob es möglich ist, Ihren Traum zu leben.

Sie können Ihr Ziel nur dann erreichen, wenn Sie es versuchen und die Hürden und Schwierigkeiten, die sich auf dem Kurs dorthin auftun werden, anpacken. Bewiesenermaßen erlangt man Glück nicht dadurch, dass man Problemen aus dem Weg geht. Sie müssen etwas dafür tun.

Träumen Sie von Ihrem Ziel und einem glücklichen Leben. Realisieren Sie es in kleinen Schritten. Sie werden sehen, dass bereits der Weg dorthin für mehr Lebenszufriedenheit sorgt.

Tipp 3: Dosieren Sie Nachrichten

Wir werden täglich mit Unmengen von Katastrophenmeldungen überschüttet. Sei es in den Fernsehnachrichten, im Radio oder auf Facebook. Uns wird vermittelt, dass die Welt ein schrecklicher Ort voller Gefahren ist. Sie werden durch die Medien ständig mit Negativität konfrontiert. Die Welt ist kein so schrecklicher Ort, wie man uns weiß machen möchte, nur wird viel zu selten von den kleinen und großen Wundern dieser Erde berichtet. Dosieren Sie die Nachrichten, die Sie konsumieren. Es ist nicht notwendig, jeden Tag mehrmals die neuesten Meldungen zu lesen. Sie werden dennoch mitreden können – und wenn nicht, was solls? Lesen oder sehen Sie maximal einmal wöchentlich die Nachrichten. Am besten lassen Sie es für eine Weile ganz sein. Sie werden Ihr Gehirn nicht mehr mit Negativität und Gefahr füttern und sich viel entspannter fühlen.

Tipp 4: Befreien Sie sich aus der Opferrolle

Ein wahrer Optimist denkt niemals, er sei ein Opfer der Umstände. Denn wenn Sie sich in die Opferrolle begeben, geben Sie Macht über Ihr Leben ab. Übernehmen Sie die volle Verantwortung für das, was geschieht und nehmen Sie Ihr Leben selbst in die Hand. Lassen Sie es nicht zu, dass Sie ein Sklave Ihres „Schicksals“ werden. Sie können durch Ihre Einstellung zu schlimmen Dingen, die Ihnen widerfahren, das Ruder selbst in die Hand nehmen. Gelingt es Ihnen, das zu verstehen, werden Sie auch in schlechten Zeiten die Möglichkeiten sehen können, die sich daraus ergeben.

Tipp 5: Sehen Sie die kleinen Dinge

Wenn wir Menschen fragen, was ihre Träume und Wünsche sind oder was sie glücklich macht, ist es meist das große Ganze. Wir vergessen viel zu leicht die kleinen Freuden im Leben, die immer da sind. Anstatt sich nach dem weit in der Ferne liegenden Urlaub zu sehnen, erfreuen Sie sich an dem Hier und Jetzt. Beginnen Sie zu leben, jeden Tag. Hören Sie auf, nur zu existieren, um etwas in der Zukunft zu erreichen. Warten Sie nicht auf etwas, das kommen könnte, sondern erfreuen Sie sich an dem, was ist. Wenn Sie genau hinsehen, werden Sie viele kleine Dinge finden, jeden Tag, die Sie glücklich machen können. Schrauben Sie Ihre Erwartungen ein wenig herunter. Erfreuen Sie sich an dem Sonnenuntergang, an Ihrer wohlriechenden Tasse Kaffee am Morgen, genießen Sie die Zeit mit Ihrer Familie und Freunden. Die Chance, dass Sie tatsächlich morgen im Lotto gewinnen werden und dann das Leben leben, das Sie sich wünschen, ist äußerst gering. Verschwenden Sie nicht Ihre Zeit damit, Dingen hinterher zu trauern oder auf etwas „Besseres“ zu warten. Leben Sie hier und jetzt und freuen Sie sich darüber, was Sie haben.

Tipp 6: Akzeptieren Sie Probleme

Sie werden immer Steine in Ihren Lebensweg geworfen bekommen. Niemand ist ohne Schwierigkeiten, Stress oder Krisen. Der Grund, warum manche besser damit zurechtkommen als andere, ist ihre innere Einstellung. Geben Sie den Herausforderungen, die das Leben Ihnen gibt, keine Macht über Ihr Wohlbefinden. Ärgern Sie sich nicht über Fehler und gehen Sie diese nicht im Kopf immer und immer wieder durch. Es wird Sie demotivieren und Sie konzentrieren sich zu sehr auf Ihre negativen Gedanken.

Gestehen Sie sich Fehler ein, lernen sie aus ihnen und nehmen Sie sie an. Packen Sie Probleme bei den Hörnern und versuchen Sie, eine Lösung zu finden. Geben Sie sich nicht machtlos einer Krise hin. Lassen Sie los. Wehren Sie sich nicht dagegen, sondern ergreifen Sie die Chance, etwas zu lernen oder dulden Sie einen Umstand, so wie er ist, wenn Sie ihn nicht ändern können. Sie werden viel zu viel Energie dafür aufbringen, sich dagegen erfolglos zu wehren. Gehen Sie eine andere Richtung, wenn eine nicht geklappt hat. Es wird künftig nicht mehr passieren, weil Sie daraus gelernt haben.

Tipp 7: Vergleichen Sie sich nicht mit anderen

Der Nachbar hat ein teureres Auto und größeres Haus. Die Freunde machen zweimal im Jahr eine Fernreise. Die Schwester scheint mit Schwierigkeiten im Leben umzugehen, als würden sie nichts bedeuten. Sei es bewusst oder unbewusst, wir tendieren dazu, uns mit anderen zu vergleichen und zu messen. Warum kann der das und Sie nicht? Sie müssen unfähig sein oder einfach kein Glück haben, richtig? Falsch. Sehr oft sehen Sie nur die Oberfläche und wissen nicht, wie es tief in diesen Menschen aussieht. Viele wahren den Schein, doch die Realität sieht ganz anders aus. Ihre Freunde haben vielleicht Schulden gemacht, um sich die Reisen leisten zu können. Sind diese Menschen, die auf den ersten Blick mehr haben als Sie oder erfolgreicher sind, glücklich? Fragen Sie sich, ob Sie das teurere Auto wirklich zufriedenstellen würde? Was sind Ihre Träume und Wünsche? Vielleicht möchten Sie viel lieber einen schlechter bezahlten Beruf ausführen, der Sie erfüllt, als in die Chefetage aufzusteigen? Leben im Tiny-Haus und dafür weniger arbeiten und mehr Urlaub machen? Das Leben ist keine Facbook-Timeline, die nur von den Sonnenseiten berichtet. Jeder hat seine Schwierigkeiten. Wenn Sie glücklich sind mit dem, was Sie haben und tun, was interessieren Sie andere?

Tipp 8: Haken Sie schlechte Tage ab

Jeder kennt solche Tage, wenn es scheint, als hätte sich das Universum gegen Sie gestellt. Nichts klappt, alles ärgert Sie und Sie möchten sich am liebsten verkriechen. Doch anstatt sich dem Tag hinzugeben, sagen Sie sich laut und deutlich „Es reicht!". Versuchen Sie vor allem, nicht die Geduld und Motivation zu verlieren. Jeder hat einmal einen miserablen Tag. Läuft am Morgen alles schief, denken Sie nicht gleich, dass es so weitergehen wird. Versuchen Sie positiv zu bleiben. Und blicken Sie auf einen Tag zurück, an dem einfach nichts gelingen wollte, haken Sie ihn ab. Vorbei. Morgen haben Sie eine neue Chance. Versuchen Sie Ihrem Ärger entgegenzuwirken, indem Sie lächeln. Jetzt erst recht! Es hat neben dem Effekt, dass Sie sich tatsächlich besser fühlen werden, auch noch einen Weiteren. Andere werden zurücklächeln und Ihren Tag damit aufhellen.

10. Der effizienteste Weg, Ihre Ängste zu überwinden

Jeder Mensch hat vor etwas Angst. Die Angst vor Spinnen, zu versagen oder vor Menschenmengen. Nicht jeder würde freiwillig Bungee-Jumping machen oder liebt es, mit einer Gondel in schwindelerregender Höhe den Berg hinauf zu sausen. Selbst manche Geschäftsleute, die sehr oft reisen, fürchten sich vor dem Fliegen.

Ängste sind ganz normal und jeder hat sie. Sie halten uns davon ab, etwas zu tun, das unserer Meinung nach gefährlich ist. Es ist ein sehr wichtiger Überlebenstrick unseres Geistes. Doch viele Ängste halten uns davon ab, gewisse Ziele zu verfolgen, Neues auszuprobieren oder Risiken einzugehen. Sie können uns bei Entscheidungen paralysieren und uns demotivieren. Wir ärgern uns über uns selbst, weil wir etwas verpassen, gewisse Chancen nicht ergreifen. Wir fühlen uns wegen dieser Furcht schlecht.

Ängste sind ein tief sitzender Urinstinkt, der durchaus seinen Daseinsgrund hat. Jedoch kommt es darauf an, wovor Sie sich fürchten. Fühlen Sie ein flaues Gefühl im Magen, wenn Sie an einem Abgrund stehen, hält es Sie davon ab, zu springen. Denn Sie wissen, dass Sie es nicht überleben werden. Haben Sie Angst vor dem Tod oder dem Alleinsein, handelt es sich um ganz menschliche Urängste. Viele unserer Phobien haben einen überlebenswichtigen Hintergrund. Tatsächlich ist es gefährlich zu fliegen. Auch wenn die Statistiken etwas anderes sagen. Doch im Grunde genommen liegen wir nicht wirklich falsch damit. Bei manchen Menschen sind gewisse Befürchtungen viel intensiver als bei anderen. Das liegt auch an den unterschiedlichen

Erfahrungen, die wir machen. Wenn Sie einen Autounfall hatten, haben Sie erst einmal Bammel, sich danach wieder hinters Steuer zu setzen. Andere scheinen komplett furchtlos zu sein und springen mit einem Fallschirm aus dem Flugzeug.

Ängste entstehen jedoch nicht nur durch Urinstinkte und Erfahrungen, sondern sie sind auch eine Frage der Kultur. In Ländern, die sehr von den beiden Weltkriegen betroffen waren, haben sich viele Phobien entwickelt. Dies ist zum Beispiel der Hauptgrund, warum besonders in Deutschland das Streben nach finanzieller Stabilität so tief in der Gesellschaft verankert ist. In Ländern mit schweren Naturkatastrophen ist es die Angst vor dem Verlust des Zuhauses und des eigenen Lebens. Hier handelt es sich grundsätzlich um sinnvolle Ängste. Diesen Geschehnissen so gut wie möglich vorzubeugen, macht Sinn. Doch Phobien verstärken sich immer mehr und es entwickeln sich aus der einen viele andere.

Es gibt im Englischen den Begriff „German Angst". Die Ängste der Deutschen und die, die sich daraus weiterentwickelt haben, sind weltweit bekannt. German Angst ist ein Begriff, der eine nicht greifbare und unbegründete Phobie umschreibt. Im Laufe der Nachkriegsjahre haben sich aus der Furcht, den wirtschaftlichen und finanziellen Aufschwung wieder zu verlieren, viele weitere Ängste entwickelt. Die Panik vor dem Verlust des Jobs, das Zögern bei Innovationen, die Beklemmung vor dem anders sein. Sogar die deutsche Sprache unterstützt diese Ängste. Macht sich jemand selbstständig, gründet man eine Existenz und kein Unternehmen. Dabei suggeriert dies, dass das Leben eines Menschen, der sich selbstständig macht, sein ganzes Dasein, alles, was und wer er ist, damit aufs Spiel setzt. Was natürlich nicht richtig ist, denn es wird niemand daran sterben, sollte er wirklich scheitern.

Deutsche gelten wegen Ihrer German Angst als äußerst zögerlich, wenn es darum geht, Neues auszuprobieren und aus den Normen auszubrechen. Es ist für uns offenbar ganz normal, dass ein Leben von Ängsten geleitet wird. Allerdings ist es nicht nur ein deutsches Phänomen, sondern man kann es durchaus ein westliches Problem nennen. Wie kann man diese Phobien loswerden?

Die meisten Ängste entstehen in Ihrem Kopf. Es spielen Einflüsse wie die kulturellen Befürchtungen, geerbte Ängste oder Furcht vor Dingen, bei denen wir schlechte Erfahrungen gemacht haben, eine tragende Rolle. Was wir jedoch in unserem Kopf daraus machen, liegt an uns. 99 Prozent unserer Ängste sind unbegründet. Warum sollten Sie plötzlich Ihren Job verlieren oder gerade heute ein Teil von statistischen Unwahrscheinlichkeiten werden, indem Ihr Flugzeug abstürzt? Warum sollten Sie Ihr Haus und alle Besitztümer verlieren? Würden Sie tatsächlich daran sterben? All diese Dinge sind schlimm und schwer zu ertragen, doch sie sind nicht lebenswichtig. Sicherlich könnten Sie bei einem Autounfall sterben. Doch möchten Sie wirklich Ihre Lebensqualität für etwas beeinträchtigen, das geschehen könnte und höchstwahrscheinlich niemals passieren wird? Wenn Sie sich bei allem, was Sie tun, Horrorszenarien ausmalen, werden Sie am Leben keinerlei Freude mehr haben können. Sie stehen sich und der Erreichung Ihrer Ziele und Wünsche im Weg und können keine wichtigen Entscheidungen treffen.

Wie können Sie gegen Ihre Ängste ankommen?

Eine sehr effektive Methode, sich von seinen Ängsten zu lösen, ist das „Fear-setting“ statt „Goal-setting“ von Tim Ferriss. Ferriss ist ein bekannter Autor, Unternehmer und Redner, z.B. bei den TED-Talks. Dort hat er schon für einigen Wirbel gesorgt, da er besonders offen mit dem Thema Depression umgeht, obwohl sein Steckenpferd die Betriebswirtschaft ist. Er verbindet mentale Fragestellungen mit der Unternehmenswelt und nimmt alltägliche Situationen und Probleme kritisch unter die Lupe. Ferriss ist der Meinung, dass wir uns zu sehr auf unsere Ziele fokussieren, anstatt auf unsere Ängste. Die von ihm entwickelte Methode „Fear-setting“ hilft dabei, Ihre Ängste zu überwinden und sich so neuen Herausforderungen und Zielen stellen zu können.

Bei der nachfolgenden Übung werden Sie nicht Ihre Ziele niederschreiben und sich auf die wichtigsten konzentrieren, sondern Sie fokussieren sich auf Ihre Ängste.

Übung:

Schreiben Sie auf einem Blatt Papier Ihre Ängste nieder. Markieren Sie nun die Angst, die Sie am meisten plagt. Schreiben Sie das schlimmste Szenario auf, das Sie sich vorstellen.

Machen Sie darunter drei Spalten und benennen Sie diese mit: *definieren, vorbeugen, beheben.*

In der Spalte *„definieren“* beschreiben Sie Ihre Angst, wie zum Beispiel: „Was, wenn sich mein Mann und ich scheiden lassen?“. Was genau macht Ihnen dabei solche große Angst? Fürchten Sie, finanziell nicht abgesichert zu sein, umziehen zu müssen oder die Kinder zu verlieren? Schreiben Sie Ihre Ängste rund um diese Situation in die erste Spalte.

In der zweiten Spalte *„vorbeugen“* geht es darum, was Sie tun könnten, um das Eintreten dieser Situation, die Ihnen solche Angst macht, zu verhindern. Was genau können Sie machen oder haben Sie es tatsächlich nicht in der Hand, was im Fall der Fälle mit Ihnen geschehen wird? Können Sie beispielsweise schon jetzt einen Job annehmen, um finanziell unabhängig zu sein? Versuchen Sie eine Strategie zu finden, dieser Angst durch Prävention entgegenzuwirken. Sie könnten sich beispielsweise auch besonders um Ihre Beziehung kümmern, sodass das Thema Scheidung gar nicht erst aufkommt.

In der dritten Spalte *„beheben“* gehen Sie davon aus, dass die befürchtete Situation eingetreten ist. Manchmal haben wir es nicht in der Hand, was mit uns geschieht. Ihr Mann hat also tatsächlich jemanden kennengelernt und Sie verlassen. Was können Sie nun tun, um das Beste aus dieser Situation zu machen? Würden Sie tatsächlich nicht das Sorgerecht für Ihre Kinder bekommen? Gehen Sie davon aus, dass Ihr Mann keinen Unterhalt bezahlen wird und Sie vom Hausverkauf nichts erhalten? Die Realität wird zum Glück sicherlich anders aussehen, doch wenn es finanziell tatsächlich sehr knapp wird, was können Sie tun? Könnte Ihnen jemand einen Kredit einräumen, sodass Sie sich eine eigene Wohnung anmieten und einrichten können? Ist es möglich, einen besser bezahlten Job anzunehmen oder eventuell sogar einen Nebenjob? Können Sie auf das Sorgerecht klagen? Welche Möglichkeiten haben Sie und was müssten Sie tun, um diese Situation zu meistern?

Denken Sie nun darüber nach, welche Auswirkungen diese Angst jetzt im Moment und für Ihre Zukunft hat. Wovon hält sie Sie ab? Was versäumen Sie durch diese Furcht vor einer Situation, die noch nicht eingetreten ist oder wahrscheinlich niemals geschehen wird? Kann es sein, dass Sie in Ihrer Beziehung teilweise irrational reagieren, weil Sie diese Befürchtungen haben? Entsteht dadurch öfters Streit und Sie sind deshalb noch ängstlicher? Versuchen Sie so gut wie möglich ins Detail zu gehen und sich zu fragen, was Sie verpassen und wie Sie sich mit dieser Angst fühlen.

Während dieser Übung werden Sie feststellen, dass Ihre Ängste erstens unbegründet und unrealistisch sind, zweitens dass Sie es in der Hand haben, präventiv dem Worst-Case-Szenario entgegenzuwirken und drittens, sollte es tatsächlich so kommen, wird Ihr Leben nicht davon abhängen. Oft ist es dann gar nicht so schlimm, wie Sie es sich ausgemalt haben. Sie haben bereits eine Lösung gefunden, was Sie tun werden, sollten Sie diese Schwierigkeit durchstehen müssen. Lassen Sie nicht zu, dass Ihre Ängste Ihr Leben im Hier und Jetzt kontrollieren, sondern genießen Sie das, was Sie haben.

11. 9 psychotherapeutische Übungen, um negative Gedanken effektiv zu reduzieren

Zwei buddhistische Mönche führten eine philosophische Diskussion. Um eine Entscheidung herbeizuführen, baten Sie einen Lehrer um Hilfe. Nachdem der erste Ordensbruder seine Meinung kundtat, entgegnete der Meister mit „Ich gebe dir recht.“ Nachdem der zweite Mönch seine entgegengesetzte Meinung mitteilte, antwortete der Lehrer wieder mit „Ich gebe dir recht.“ Ein dritter Mönch, der die Unterhaltung mit angehört hatte, fragte, wie beide denn recht haben könnten, wenn es sich doch um zwei vollkommen verschiedene Anschauungen handeln würde. Wieder war die Antwort des Gelehrten: „Ich gebe dir recht.“

Das, was wir aus der Geschichte lernen, ist, dass die unterschiedliche Meinungen, die jeder hat, lediglich verschiedene Perspektiven eines Themas sind. Man kann eine Situation so oder so sehen und es ist durchaus möglich, beide Seiten zu akzeptieren. Es gibt sehr oft keine falsche oder richtige Antwort. Wenn wir diskutieren, geht es darum, wie wir uns in den Meinungen verhalten, welche Vorurteile, Überzeugungen und Gedanken wir haben.

Unser Verstand ist auf der einen Seite ein hervorragendes Werkzeug, wenn es richtig genutzt wird. Auf der anderen Seite kann es jedoch sehr destruktiv sein. Man kann lernen, das Bewusstsein zu lenken und für seine Zwecke zu nutzen. Um dies zu erreichen, müssen wir unsere Gedanken und Überzeugungen verändern. Dies kann erreicht werden, indem man negative Denkweisen widerlegt und positive bestätigt. Dies ist einfach, wenn sich die „Richtigkeit“ von Gedanken überprüfen lässt. Doch wie sieht es bei Gefühlen oder Gedanken aus, die sich nicht prüfen lassen? Wenn Sie sich erzählen, dass Sie es nicht können, ist es tatsächlich nicht möglich. Sie haben es nicht versucht, also können Sie nicht sagen, ob es der Wahrheit entspricht.

Gedanken einfach wegzudrängen, funktioniert nicht. Verdrängen sie den einen, kommen zwei Neue nach. Stattdessen muss man sich mit ihnen auseinandersetzen. Um dies erfolgreich tun zu können, muss man Abstand zu seinem Denken gewinnen. Dies erreichen Sie, indem Sie inhaltlich nicht auf Ihre Gedanken eingehen, sondern lediglich eine Haltung zu ihnen einnehmen. Sie setzen sich also mit ihnen auseinander, indem Sie die verschiedenen Meinungen einfach akzeptieren. Sie können alle richtig sein. Somit werden Sie sich bewusst, dass das, was wir über die Realität denken, nicht unbedingt wahr ist. Sie entscheiden, wie Sie auf Ihre Gedanken reagieren. Möchten Sie tatsächlich immer weiter darüber nachdenken und den Gedanken somit zur Grundlage Ihres Verhaltens machen? Oder akzeptieren Sie, dass er da ist, ohne ihn jedoch in Ihr Bewusstsein dringen zu lassen? Wenn Sie dies erreichen, können Sie sogar konträr zu Ihren Gedanken handeln, da Sie Abstand davon haben.

Schaffen Sie es nicht, Abstand zu dem zu gewinnen, was sich in Ihrem Kopf abspielt, werden Sie keine Kontrolle mehr darüber haben, was Sie tun.

Es ist durchaus möglich, zu trainieren, auf Abstand zu Ihren Gedanken zu gehen. Die folgenden Übungen helfen Ihnen dabei. Wichtig ist, dass Sie die eine oder andere Methode so oft wie möglich wiederholen, damit es zur Gewohnheit wird.

1. Die Top 5 der häufigsten belastenden Gedanken

Die gute Nachricht ist, dass unsere Gedanken sehr einfach funktionieren. Die, die Sie besonders belasten, kommen immer wieder auf und es sind stets die gleichen. Somit ist die Identifizierung dieser negativen Gedankengänge einfach.

Schreiben Sie wenigstens fünf der Gedanken auf, die Sie am meisten belasten und die immer wiederkehren. Weisen Sie den Einzelnen eine Stellung zu, angefangen beim hartnäckigsten auf Platz 1 bis zu Platz 5. Welcher dieser Gedanken ist der Dauerbrenner, der sich schon seit Monaten oder gar Jahren in den Top 5 aufhält? Gibt es einen Neueinsteiger der Woche? Warum hat es der negative Gedanke Nummer 1 so weit nach oben geschafft? Hat er das verdient?

2. Vermeiden Sie Sätze mit „aber"

Sehen Sie Ihre eigenen Gedanken genauso kritisch, als wenn Ihnen jemand eine Geschichte erzählt. Können Sie sie annehmen? Können Sie diesem Gedanken glauben, den Sie gerade haben? Machen Sie es zur Gewohnheit, dass sie das, was Sie denken, kritisch begutachten, wenn Sie davon blockiert werden. Diskutieren Sie mit sich selbst darüber, ob er wahr ist. Ein Beispiel: „Ich sollte diese Arbeit noch heute anpacken, aber ich habe keine Lust dazu." Wir tendieren dazu, den Begriff „aber" sehr oft zu benutzen. Ihr Gehirn kann diese Information nicht richtig verarbeiten, da sich die Worte widersprechen. Deshalb ist es wichtig, mit Klarheit zu uns zu sprechen. Was Sie mit dem Beispielsatz Ihrem Gehirn mitteilen ist:

„Ich muss arbeiten.“ Und gleichzeitig: „Ich habe keine Lust zu arbeiten.“ Was soll es also nun tun? Formulieren Sie Ihre Gedanken so um, dass sie leichter verständlich sind, indem Sie kein “aber” nachfolgen lassen. Vermeiden Sie es, sich selbst zu widersprechen, wenn Sie eine Unterhaltung mit sich im Geiste führen.

3. Reden Sie über Ihre belastenden Gedanken

Wenn Sie über Ihre belastenden Gedanken sprechen oder sie niederschreiben, bekommen Sie mehr Abstand zu ihnen und Sie können sie besser verstehen. Ob Sie darüber schreiben oder ob Ihnen jemand zuhört, achten Sie darauf, dass das, was Sie sagen, nicht gewertet wird. Nicht von Ihnen und nicht von der anderen Person.

4. Gedanken verfremden

Sie können belastenden Gedanken die Schwere nehmen, indem Sie Ihre Sprache verfremden. Sie können sie beispielsweise singen oder Silben vertauschen, hinzufügen oder weglassen. Wie zum Beispiel mit dem Satz: „Ich kann das nicht.“ – „Ach kana dasa nachta.“ Oder „Das schaffst du nie!“ – „Dabas schabaffst dubu niebie!“

Es mag sich sehr komisch und unnatürlich anfühlen, dies zu tun, doch damit nehmen Sie den Ernst aus der Sache und fühlen sich leichter. Sie bemerken, dass es sich lediglich um Worte handelt, die so keinerlei Sinn mehr machen.

5. Fehlfunktionen des Verstandes durchschauen

Unser Verstand mag ein sehr nützliches und geniales

Werkzeug sein, doch er hat auch seine Fehler. So sucht er beispielsweise allerweil nach einem Schuldigen für ein Problem. Unser Gehirn mag uns zudem weismachen, dass es immer recht hat und man ihm alles glauben kann. Eine weitere Fehlfunktion ist, dass es stets nach Ursachen sucht und alles analysiert, ob es gewollt ist oder nicht. Eine der häufigsten Fehlfunktionen ist das Urteilsvermögen. Automatisch bewerten und verurteilen wir alles und jeden. Stellen Sie sich vor, Sie hätten ein Gespräch mit diesen fehlgeleiteten Gedanken. Geben Sie sich beispielsweise mal wieder die Schuld an etwas oder suchen verkrampft nach einem Schuldigen, sagen Sie sich: „Was soll das? Es gibt dafür überhaupt keinen Grund, sondern es ist lediglich eine Fehlfunktion. Es gibt gar keinen Schuldigen und ich muss auch niemanden dafür verantwortlich machen."

6. Welchen Nutzen hat der Gedanke?

Sie können Ihre Gedanken infrage stellen, indem Sie herausfinden, ob er wahr ist oder nicht. Doch so einfach lässt sich das oft nicht beantworten. Unsere Gedanken entsprechen dann der Realität, wenn Sie sie genau beschreiben. Manchmal ist es jedoch unmöglich oder nicht sinnvoll, die Frage nach der Wahrheit zu beantworten. Denken Sie stattdessen darüber nach, welchen Nutzen der Gedanke für Sie hat. Bringt er Sie weiter? Wenn Sie denken „Ich bin nicht liebenswert", können Sie nicht sagen, ob es sich um eine wahre Anschauung handelt. Ihr Gehirn wird sich deshalb im Kreise drehen und zweifelhaft versuchen, die Antwort zu finden. Es wird jedoch keine geben. Fragen Sie sich also stattdessen, ob und wie Ihnen dieser Gedanke nützt. Sie sehen sofort, dass er Sie nicht weiterbringt oder etwas Positives bewirkt. Das tut er nicht. Ersetzen Sie ihn mit nützlichen Gedanken, die Ihnen dabei helfen, ein zufriedenes Leben zu führen.

7. Beobachten Sie Ihre Gedanken

Sie haben die Wahl: Sie können sich Ihren Gedanken ausliefern oder Sie können Abstand zu ihnen gewinnen. Versuchen Sie, Ihre Gedanken von außen zu betrachten, als wären es nicht Ihre eigenen und ohne dass sie in ihren Sog eingezogen werden. Die folgende Achtsamkeitsübung hilft Ihnen dabei:

Stellen Sie sich für ein paar Minuten mit geschlossenen Augen ein Blatt vor, das auf einem Fluss treibt. Folgen Sie ihm im Geiste. Welcher Gedanke kommt Ihnen dabei in den Kopf? Registrieren Sie ihn und lassen Sie ihn dann den Fluss hinunter treiben. Was ist der nächste Gedanke? Folgen Sie dem Blatt und nehmen Sie den Gedanken wahr. Lassen Sie ihn nach dem Registrieren den Fluss hinab gleiten.

Diese Übung ermöglicht Ihnen, Gedanken kommen und gehen zu lassen, ohne dass Sie sich an ihnen aufhalten. Sie beobachten sie lediglich für eine Weile und lassen sie dann wieder ziehen. Selbst wenn Sie abschweifen sollten, holen Sie sich das ins Bewusstsein und schieben Sie Ihre Gedanken sanft weg, sodass sie den Fluss hinab fließen.

8. Gedanken sind lediglich Gedanken

Sie können Abstand zu dem, was sich in Ihrem Kopf abspielt, gewinnen, indem Sie Ihre Gedanken mit dem benennen, was sie sind. Gedanken. Nicht mehr, nicht weniger. Es sind nur Gedanken und es handelt sich nicht um die Realität. Wie heißt es so schön: Einen Gedanken haben. Und nicht: ein Gedanke sein. Sie sind nicht das, was Sie denken. Behandeln Sie sie entsprechend, indem Sie bei unangenehmen Gedanken sagen: „Mein Kopf sagt mir gerade", „Meine Gedanken teilen mir gerade mit" und so weiter. Sie sind keine Einheit, der Sie hilflos ausgeliefert sind. Sie haben die Kontrolle darüber, was Sie mit Ihren Gedanken machen.

9. Bewertung oder Beschreibung?

Unser Gehirn hat eine weitere Fehlfunktion. Es kann oft nicht zwischen Bewertungen und Beschreibungen differenzieren. Der Satz „Die Hose ist schön", unterscheidet sich kaum zu „Die Hose ist blau", obwohl die Bedeutung eine ganz andere ist. Bei schön handelt es sich um eine Bewertung und blau ist eine Beschreibung. Alles, was wir wahrnehmen, wird blitzschnell im Gehirn bewertet.

Und hier kommt es zur Fehlfunktion, denn das Gehirn kann nicht zwischen Bewertung und Beschreibung unterscheiden. Wir denken zwar, wir würden etwas oder eine Situation beschreiben, doch tatsächlich bewerten wir sie. Wenn Sie sagen, „Alle Menschen sind schlecht", definieren Sie nicht den Umstand, sondern Sie bewerten ihn. Mit Bewertungen dieser Art laufen wir Gefahr, vieles noch schlechter zu sehen, als es tatsächlich ist.

Schreiben Sie Aussagen über sich auf einen Zettel, die mit „Ich bin…" beginnen. Markieren Sie diese, bei denen es sich um eine Tatsache handelt mit einem T und die, die eine Bewertung sind mit einem B. Schreiben Sie beispielsweise „Ich bin single.“, markieren Sie es mit T. Schreiben Sie „Ich bin nicht liebenswert.“, markieren Sie dies mit einem B. Formulieren Sie daraus neue Sätze wie „Ich bin eine Person, die gerade denkt, sie sei nicht liebenswert.“ Damit nehmen Sie solchen Gedanken den Wind aus den Segeln, denn durch die Umformulierung hört es sich ganz anders an.

12. Wie Sie sich negative Gewohnheiten nachhaltig abgewöhnen und positive aneignen

Es wurden und werden Ihnen in diesem Buch einige Gewohnheiten mit auf den Weg gegeben, die Sie zu mehr Lebensfreude und positiven Gedanken führen. Vorausgesetzt, Sie wenden sie regelmäßig an. Deswegen wird in diesem Kapitel darauf eingegangen, wie man sich Gewohnheiten an- bzw. abgewöhnt.

Was sind Gewohnheiten?

Unser tägliches Leben besteht aus vielen kleinen Entscheidungen und Handlungen. Studien der US-Amerikanischen Duke University haben gezeigt, dass Gewohnheiten bis zu 40 Prozent unseres Verhaltens ausmachen. Ihr Leben ist somit im Wesentlichen eine Summe Ihrer Angewohnheiten. Wie fit sind Sie? Wie zufrieden sind Sie? Haben Sie Erfolg? Dies alles ist ein Ergebnis Ihrer Gewohnheiten. Alles, was Sie jeden Tag immer und immer wieder tun und worüber Sie wiederholt nachdenken, macht Sie als Person aus.

Um sich neue und bessere Gewohnheiten aneignen zu können, müssen wir zunächst einmal verstehen, wie man sie entwickelt. Dieser Leitfaden unterstützt Sie dabei, sich bessere Automatismen anzugewöhnen.

Machen Sie kleine Schritte

Unerwünschte Angewohnheiten mit erwünschten zu ersetzen

klingt leichter, als es ist. Packen Sie sofort die an, die Sie am meisten beeinflussen, die sich am hartnäckigsten halten, fehlt oft die Motivation dazu.

Fangen Sie einfach an und steigern Sie sich nach einigen kleinen Erfolgen. Wählen Sie zu Beginn eine Gewohnheit, die so klein ist, dass Sie dafür keine oder kaum Antrieb benötigen. Sie beginnen bei Fitnessübungen auch nicht gleich mit 30 Liegestütze, sondern starten mit fünf und steigern sich langsam. Wenn Sie sich zum Beispiel vorgenommen haben, sie möchten regelmäßig meditieren, versuchen Sie es nicht sofort mit zehn Minuten pro Tag, sondern meditieren Sie lediglich für zwei Minuten. Steigern Sie sich langsam, doch hören Sie nicht auf, die neue Angewohnheit zu trainieren.

Setzen Sie sich viele kleine Ziele

Um motiviert zu bleiben und einen dauerhaften Effekt zu erreichen, setzen Sie sich viele kleinere Ziele. Wenn Sie sich lediglich auf das große Ziel fokussieren, scheint es oft viel zu weit weg zu sein und Sie geben schneller auf. Bauen Sie jeden Tag ein wenig auf dem Erfolg des Vortages auf. Steigern Sie sich täglich nur ein wenig, haben Sie in drei Monaten viel erreicht.

Geben Sie nicht auf

Jeder macht Fehler oder hat mit Rückschlägen zu kämpfen. Lassen Sie sich jedoch davon nicht aus der Bahn werfen. Richten Sie sich wieder auf und machen Sie weiter. Schwierigkeiten auf dem Weg bedeuten nicht, dass Sie ein Ziel nicht erreichen können. Planen Sie stattdessen Misserfolge mit ein. Nehmen Sie sich Zeit, um eventuelle Stolpersteine zu identifizieren. Was könnte Sie daran hindern, diese neue Gewohnheit zu erlernen?

Welche täglichen „Notfälle“ könnten Sie davon abhalten, sie durchzuführen? Können Sie diese Schwierigkeiten umgehen, vermeiden oder einen Plan B erstellen? Wie schnell können Sie wieder auf Ihren Kurs zurückkommen? Sie müssen nicht perfekt sein, nur konsequent.

Haben Sie Geduld

Gehen Sie Ihr eigenes Tempo und verlangen Sie nicht zu viel von sich selbst. Wenn Sie z.B. Ausdauertraining machen, beginnen Sie auch nicht sofort mit einem Marathon. Sie arbeiten sich langsam hoch. Haben Sie Geduld und seien Sie nachsichtig mit sich.

Fühlen sich neue Gewohnheiten besonders am Anfang einfach an, ist die Chance sehr viel größer, dass Sie konsequent dranbleiben und sich stetig steigern. Es wird nach einer Weile härter und schneller vorangehen, doch Sie sehen dann bereits Erfolge, sodass es Ihnen leichter von der Hand gehen wird.

Wie entstehen schlechte Gewohnheiten?

Die Hauptgründe für schlechte Angewohnheiten sind Stress und Langeweile. Achten Sie besonders darauf, wann sie etwas tun, das nicht gut für Sie ist. Sie langweilen sich, also gehen Sie zum Kühlschrank, um etwas zu essen? Sie fühlen sich gestresst, deshalb rauchen Sie doppelt so viel? Sie kommen von einem anstrengenden Tag nach Hause und trinken eine Flasche Wein? Sie wissen, dass diese Angewohnheiten nicht gut für Sie sind, doch sie tun sie trotzdem. Wie schaffen Sie es also, gesündere Wege im Umgang mit Stress und Langeweile zu finden?

Ein wichtiger Schritt ist, dass Sie die Ursachen Ihrer schlechten

Gewohnheiten erkennen. Erst wenn Sie verstehen, warum Sie diese Angewohnheit haben, können Sie dagegen vorgehen. Dabei werden Sie sie jedoch nicht beseitigen, sondern durch gute ersetzen. Auch unsere schlechten Angewohnheiten haben einen Nutzen, was es wiederum so schwierig macht, sie wieder loszuwerden.

Sich einfach nur zu sagen, „Hör auf damit!" funktioniert nicht. Sagen Sie einem Raucher, er solle einfach mit dem Rauchen aufhören. So einfach ist es leider nicht. Doch wenn es so toll mit den schlechten Angewohnheiten klappt, warum sollte es dann nicht mit guten funktionieren? Statt zur Zigarette zu greifen, wenn Sie gestresst sind, können Sie einen anderen Weg finden, um damit umzugehen. Laufen Sie fünf Kilometer, um Dampf abzulassen, meditieren Sie oder machen Sie einen entspannenden Spaziergang in der Natur. Sie müssen jedoch von Ihrer neuen Angewohnheit, die Sie mit der alten, schlechten ersetzen möchten, vollkommen überzeugt sein. Und, wie schon erwähnt, klein anfangen, um motiviert zu bleiben und nicht bei jedem Misserfolg aufzugeben.

Es ist sehr viel einfacher, eine schlechte Angewohnheit mit einer anderen, für Sie besseren, zu ersetzen. Sie werden damit nicht nur dasitzen und versuchen, sich einzureden, etwas nicht zu tun. Damit würden Sie Ihre Gedanken viel zu sehr auf das lenken, was Sie nicht tun sollten. Stattdessen fokussieren Sie sich auf das, was gut für Sie ist, sodass Sie vergessen, dass Sie gerade eine Zigarette rauchen wollten.

Anfangs müssen Sie dies ganz bewusst tun. Planen Sie im Voraus, wie Sie auf Stresssituationen oder Langeweile reagieren werden. Was können Sie tun, wenn Sie den Drang haben zu rauchen? Führen Sie zum Beispiel eine Atemübung durch, um Sie davon abzulenken, ständig über dieses Bedürfnis nachzudenken. Stattdessen tun Sie etwas Gutes für sich. Erstellen Sie einen Plan. Wenn Sie nach der Atemübung noch immer den Drang verspüren, was können Sie dann tun?

Achten Sie auf die Auslöser Ihrer schlechten Angewohnheit. Haben Sie ein besonders starkes Bedürfnis zu rauchen, wenn Sie Alkohol trinken und in Gesellschaft sind? Gehen Sie für einige Zeit in keine Bar. Lassen Sie das Glas Wein am Abend weg. Tendieren Sie dazu, Süßigkeiten zu essen, wenn Sie auf dem Sofa liegen und Fernsehen? Kaufen Sie keine Naschereien mehr und sorgen Sie für gesündere Alternativen wie Gemüsesnacks. Oder sehen Sie tatsächlich zu viel fern, wenn Sie Freizeit haben? Verstecken Sie die Fernbedienung und legen Sie ein interessantes Buch gut sichtbar auf den Couchtisch.

Suchen Sie sich Gleichgesinnte, die Ihre Situation verstehen. Wenn Sie sich vornehmen, weniger zu trinken, doch Ihr Partner unterstützt Sie dabei nicht, werden Sie Schwierigkeiten haben. Machen Sie es gemeinsam und ziehen Sie sich gegenseitig zur Rechenschaft, feiern Sie Ihre Erfolge. Umgeben Sie sich mit Menschen, die so leben, wie Sie es gerne möchten.

Sie müssen keine neue Person werden, um mit alten Gewohnheiten zu brechen. Sie haben den Drang, schlechte Angewohnheiten loszuwerden, also haben Sie es bereits in sich, so zu leben. Dahinter steckt demnach keine andere Persönlichkeit, sie ist lediglich nicht zu sehen. Sie haben schließlich nicht Ihr ganzes Leben lang geraucht, also müssen sie nicht aufhören, Raucher zu sein, sondern beginnen, wieder Nichtraucher zu sein. Sie haben vorher schon ohne diese schlechte Angewohnheit gelebt, also können Sie es noch einmal tun.

Werden Sie sich Ihrer schlechten Gewohnheiten bewusst.

Identifizieren Sie die Angewohnheiten, die nicht gut für Sie sind und die Sie davon abhalten, Ihre Ziele zu erreichen.

Wann zeigt sich diese schlechte Angewohnheit?

Wo passiert sie?

Mit wem kommt sie zum Vorschein?

Welches Verhalten löst sie aus?

Verfolgen Sie, wie oft Ihre schlechte Angewohnheit pro Tag zum Vorschein kommt. Schreiben Sie es auf. Am Ende des Tages können Sie sehen, wie sehr Sie davon beeinflusst werden. Vermeiden Sie jedoch, sich dafür zu verurteilen und sich schuldig zu fühlen. Das Ziel ist, dass Sie sich ins Bewusstsein rufen, wann und wie oft Sie diese schlechte Angewohnheit haben. Dann können Sie beginnen, damit zu brechen.

Vergessen Sie nicht: Mit schlechten Angewohnheiten zu brechen, braucht Zeit und Mühe. Haben Sie Geduld und geben Sie nicht sofort auf, wenn Sie Rückschläge erleiden. Diese sind normal, schließlich sind wir nur Menschen. Niemand ist perfekt. Bleiben Sie am Ball und Sie werden mit Erfolg Ihre schlechte Gewohnheit mit einer ersetzen, die gut für Sie ist.

13. Die effektivsten Methoden, um morgens perfekt in den Tag zu starten

Eine Morgenroutine hilft uns, den Ton für den Tag festzulegen. Starten Sie entspannt und motiviert, können Sie sich besser auf das konzentrieren, was vor Ihnen liegt.

Die folgenden Techniken helfen Ihnen dabei, eine positive Morgenroutine aufzubauen. Sie können aber natürlich auch Übungen aus dem nachfolgenden Kapitel über Methoden zur Abendroutine verwenden.

1. Meditation

Meditation am Morgen hilft Ihnen dabei,

- wacher zu werden
- Stress abzubauen
- sich schnell zu entspannen
- negative Gedanken loszuwerden
- sich zu fokussieren und klarer zu denken.

Meditation muss nicht im starren Schneidersitz stattfinden. Sie können genauso gut meditieren, wenn Sie unter der Dusche sind, einen Morgenspaziergang machen oder zum Einschlafen. Wenn Sie noch nie meditiert haben, hier eine kurze Anleitung für Sie:

Meditieren lernen in wenigen einfachen Schritten

1.Für Anfänger empfiehlt sich ein ruhiger Raum, in dem Sie sich wohlfühlen und der Sie so wenig wie möglich ablenkt. Je einfacher der Platz gestaltet ist, desto besser.

2.Schalten Sie Ihr Mobiltelefon aus oder zumindest auf lautlos. Sorgen Sie dafür, dass Sie nicht unterbrochen werden können. Blenden Sie Nebengeräusche so gut wie möglich aus.

3.Setzen Sie sich so hin, wie es für Sie am angenehmsten und bequemsten ist. Sie sollten nicht auf dem kalten Boden sitzen, verwenden Sie eine Unterlage. Sie können aber genauso gut auf einem Stuhl Platz nehmen, Hauptsache, es ist bequem.

4.Achten Sie auf eine aufrechte Körperhaltung. Ist Ihr Rücken gerade, können Sie freier atmen und somit für einen ungehinderten Energiefluss sorgen. Blicken Sie locker geradeaus, lassen Sie Ihre Schultern fallen und legen Sie Ihre Hände in den Schoß. Sie können Ihre Augen schließen oder sie offen lassen, das liegt ganz bei Ihnen.

5.Stellen Sie sich einen Wecker auf zwei Minuten. Dies reicht anfangs vollkommen aus. Sie können die Zeit nach und nach steigern. Schließen Sie Ihre Augen und atmen sie tief und bewusst durch den Bauch ein und aus. Sorgen Sie dabei immer für eine aufrechte Körperhaltung.

6.Nun beginnt die eigentliche Meditation. Lenken Sie weiterhin Ihre Aufmerksamkeit auf Ihren Atem. Spüren Sie in sich hinein, wie er in den Körper fließt und ihn wieder verlässt. Fühlen Sie Ihren Bauch, wie er sich dabei ausdehnt und zusammenzieht. Damit werden Sie Ihren Kopf frei bekommen und sich voll und ganz auf Ihren Körper konzentrieren.

Sie werden besonders am Anfang jedoch feststellen, wie schnell sich Gedanken in ihren Kopf schmuggeln und Sie von der Meditation ablenken. Das ist vollkommen normal und es heißt nicht, dass Sie fehlschlagen. Wenn die Gedanken kommen, registrieren Sie sie und führen Sie dann Ihre ganze Aufmerksamkeit wieder auf Ihren Atem.

7.Wenn Ihr Wecker klingelt, stehen Sie nicht sofort auf. Atmen Sie zum Abschluss noch einmal tief ein und aus und öffnen Sie Ihre Augen, wenn Sie sie geschlossen hatten. Strecken Sie sich wie eine Katze und halten Sie kurz inne. Stehen Sie nun langsam wieder auf und nehmen Sie die soeben gewonnene Energie mit in den Tag. Versuchen Sie auch den Rest des Tages immer an Ihre Atmung zu denken.

3 falsche Meditations-Mythen

Es gibt einige Annahmen über Meditation, die jedoch tatsächlich nicht der Wahrheit entsprechen:

- Man soll bei der Meditation nichts denken.

  Sie werden es nicht verhindern können, dass sich Gedanken einschleichen. Wenn Sie zwanghaft versuchen, nichts zu denken, werden Sie es umso mehr tun. Es geht darum, die Gedanken zu registrieren und sie dann sanft wieder wegzuschicken. Nur wenn Sie sie zulassen, können Sie Ihre Gedanken auflösen.

- Man muss in einer bestimmten Position meditieren.

  Tatsächlich spielt Ihre Körperhaltung bei der Meditation keine Rolle. Sitzen Sie jedoch unbequem, können Schmerzen oder Unwohlsein entstehen und Sie können sich somit nicht mehr auf die Meditation konzentrieren. Das Einzige, worauf Sie achten sollten, ist eine aufrechte Körperhaltung, um Ihre Atmung zu unterstützen.

- Man muss mit Willenskraft meditieren.

  Anstatt mit Willenskraft zu meditieren, sollte man versuchen, vollkommen loszulassen und alles, das kommt zu akzeptieren. Egal welche Gedanken oder Gefühle, gut oder schlecht, sträuben Sie sich nicht dagegen, sondern erkennen Sie sie an. Wehren Sie sich dagegen, wenden Sie viel Energie dafür auf und Ihr Fokus liegt bei diesen Gedanken und Emotionen. Erkennen Sie sie an, können Sie sie sanft wieder wegschicken und auflösen. Wahre Meditation ist alles, was kommt, zu akzeptieren.

2. Visualisieren

Mit Visualisierung erstellen Sie Bilder in Ihrem Kopf, von Dingen, die Sie haben, tun oder erreichen möchten. Sie wiederholen diese Vorstellungen täglich. Es handelt sich dabei um eine uralte Technik, die jedoch auch in der modernen Psychologie ein gängiges Modell ist, um positives Denken zu stärken.

- Suchen Sie sich einen ruhigen Moment in einer ungestörten Umgebung und nehmen Sie eine bequeme Sitzposition ein. Führen Sie am besten eine kurze Meditation oder Atemübung durch, um zur Ruhe zu kommen.

- Bevor Sie mit der eigentlichen Visualisierungsübung

beginnen, nehmen Sie sich zwei Minuten Zeit, um dankbar zu sein. Bevor Sie sich auf das konzentrieren, was Sie gerne hätten, fokussieren Sie sich auf das, was Sie bereits haben. Richten Sie Ihre Gedanken erst einmal auf die positiven Aspekte in Ihrem Leben.

- Schließen Sie nun Ihre Augen und stellen Sie sich eine Situation vor, die Sie gerne erreichen möchten. Sei es geliebt zu werden, Erfolg zu haben, was auch immer Sie Schönes erleben möchten. Nehmen Sie jedes Detail Ihrer Vorstellung wahr. Wo befinden Sie sich? Was genau tun Sie dort, das Sie so glücklich macht? Mit wem sind sie da?

- Lassen Sie nun aus den Bildern heraus Gefühle entstehen, als wären sie Realität. Was empfinden Sie bei dieser Vorstellung? Gehen Sie tief in die Empfindungen Ihrer Visualisierung und fühlen Sie sie so, als wäre sie real. Je detaillierter Ihre Visualisierung ist, desto intensiver werden Ihre Emotionen sein.

- Handeln Sie danach so, als wäre die Visualisierung bereits Realität. Nehmen Sie das Gefühl, das Sie bei der Vorstellung hatten, mit in Ihren Tag. Fühlen Sie sich glücklich, erfolgreich oder gesund? Verhalten Sie sich auch so. Sie werden dadurch mit viel positiver Energie in den Tag starten.

3. Atemübungen

Durch Atemübungen können Sie schnell und einfach Stress verarbeiten, neue Energien tanken und Ruhe finden. Sie lösen Verspannungen und aktivieren eine große Menge an Sauerstoff in Ihrem Körper. Damit entfernen Sie Kohlendioxid aus Ihrem Kreislauf. Beim Atmen wird Ihr ganzer Körper mit eingebunden, Ihre Brust, der Bauch, der Rücken und auch Ihr Geist. Durch tiefes Atmen können Sie Ihren Herzschlag verlangsamen und den Blutdruck senken. Sie fühlen sich entspannt und beruhigt. Gerade bei Stress steigen die Hormone Cortisol und Adrenalin sehr an, welche Ihren Puls und Blutdruck nach oben schnellen lassen. Durch eine tiefe Atmung kann diese Reaktion wieder umgekehrt werden. Konzentrieren Sie sich beim Atmen auf die körperlichen Veränderungen:

- Das Heben und Senken von Bauch und Brust
- Die Temperatur und Feuchtigkeit Ihres Atems
- Wie reagieren Ihre Muskeln und Knochen?
- Was verändert sich in Ihrem Körper, wenn Sie von flacher Atmung zu tiefer wechseln?

Tiefes Atmen beeinflusst jedoch nicht nur den Körper, sondern auch Ihren Geist. Sie können damit Ihre Gedanken verlangsamen oder sie sogar sanft wegschicken. Auch Emotionen lassen sich so beruhigen. In einem Zustand von tiefster Entspannung durch Atemübungen können Sie sogar einen intensiveren Geisteszustand erreichen. Wenn Sie dies möchten, öffnet dieser Zustand einen Weg zu versteckten Emotionen, Ärger oder einem Trauma. Er kann Ihnen dabei helfen, loszulassen.

Die drei effektivsten Atemübungen

Es gibt Hunderte, wenn nicht gar Tausende verschiedenen Atemübungen, die Sie anwenden können. Hier sind drei der Effektivsten, die Sie in nur wenigen Minuten ausführen und somit perfekt in eine kurze Morgenroutine aufnehmen können, um gestärkt, mit viel Energie und positiv in den Tag zu starten.

Power Atmung

Wichtig: Bei der Power Atmung handelt es sich um eine sehr intensive und effektive Atemübung, die einen bemerkenswerten Effekt auf Körper und Geist haben kann. Deshalb sollten Sie diese Übung immer in einer sicheren Umgebung durchführen, niemals während der Bedienung von Fahrzeugen, beim Schwimmen oder einer anderen Aktivität.

Diese Übung dauert nicht länger als maximal zwei Minuten. Sie können Sie mehrmals wiederholen, bis Sie die gewünschte Entspannung erzielt haben.

- Setzen Sie sich in eine bequeme, aufrechte Position.
- Atmen Sie zunächst 15-mal tief ein und aus. Halten Sie dabei nach jedem Atemzug kurz die Luft an.
- Führen Sie nun 30 Power-Atemzüge durch, indem Sie durch die Nase so tief wie möglich einatmen und durch den Mund wieder aus. Allerdings lassen Sie nicht all die Luft aus. Führen Sie die Atemzüge schnell nacheinander durch, hetzen Sie sich dabei jedoch nicht. Achten Sie darauf, wie sich bei jedem Atemzug der Bauch hebt und senkt.
- Während dieser Atemzüge füllen Sie Ihren Körper mit Energie und Wärme. Fokussieren Sie sich vollkommen auf den Luftzug, wie er tief in Sie hinein geht. Spüren Sie seine Wärme und Energie und beobachten Sie, wo in Ihrem Körper er ankommt. Nutzen Sie den nächsten

Atemzug dazu, diese Energie in die Bereiche zu lenken, in denen noch keine Luft ist.

- Um die Übung abzuschließen, atmen Sie nun noch einmal so tief wie möglich ein und lassen Sie all die Luft aus Ihren Lungen heraus.

- Platzieren Sie Ihr Kinn auf der Brust und halten Sie diese Stellung, solange Sie können. Spüren Sie in Ihren Körper hinein, der nun voller Sauerstoff ist.

- Zum Abschluss atmen Sie ein letztes Mal tief ein und halten die Luft für etwa 15 Sekunden. Währenddessen gehen Sie in sich und spüren in Ihren Geist und Körper.

Atem aktivieren

Diese Übung eignet sich besonders gut direkt nach dem Aufstehen. Sie werden dadurch sanft wach und starten nach nur zwei Minuten voller Energie und Kraft in den Tag.

- Nehmen Sie eine bequeme Position ein, in der Sie stehen oder sitzen. Achten Sie auf einen geraden Rücken, um Ihre Lungen freizuhalten.

- Lassen Sie Ihre Arme locker am Körper herabhängen, die Handflächen zeigen nach vorne.

- Atmen Sie tief durch die Nase ein und heben Sie dabei langsam Ihre Arme nach oben, bis sich Ihre Handflächen berühren.

- Atmen Sie wieder durch die Nase aus und senken Sie dabei Ihre Arme bis zur Ausgangsposition.

- Konzentrieren Sie sich bei den Atemzügen darauf, wie die Luft in Ihren Körper fließt und sie wieder verlässt. Strecken Sie sich dabei und dehnen Sie langsam Ihre Muskeln.
- Wiederholen Sie diese Vorgänge zehn bis zwanzig Mal und versuchen Sie dabei, das Ein- und Ausatmen immer mehr zu verlängern.

Mula Bandha Atmung

Diese Atemübung hilft Ihnen dabei, den Energieabfluss in Ihrem Körper zu verlangsamen, sodass Sie den ganzen Tag über mehr Energie zur Verfügung haben.

- Nehmen Sie eine bequeme Position im Sitzen ein. Achten Sie wieder auf einen geraden Rücken. Sie können Ihre Augen offenhalten oder sie schließen.
- Atmen Sie vorab ein paar mal tief durch die Nase ein und wieder aus.
- Zählen Sie beim Einatmen bis vier, halten Sie Ihren Atem an und zählen Sie dabei bis acht und beim Ausatmen ebenfalls bis acht.
- Wenn Sie den Atem anhalten, spannen Sie Ihre Muskeln im Gesäß und dem Bereich um Ihre Blase fest an, als müssten Sie dringend auf die Toilette. Lösen Sie beim Ausatmen die Spannung.
- Wiederholen Sie diese Übung etwa zehn mal.

Es kann vorkommen, dass Sie ein leichtes Schwindelgefühl

empfinden, da diese Form der Atmung für Sie ungewohnt ist. Das wird jedoch mit Übung verschwinden. Beginnen Sie langsam und steigern Sie sich mit der Zeit.

14. Wie Sie durch eine kurze Abendroutine ihr ganzes Leben positiv beeinflussen

Eine effektive Abendroutine hilft dabei, uns zu entspannen, herunterzukommen, Stress zu lösen und uns geistig und körperlich auf ein produktives Morgen vorzubereiten. Mit diesen Übungen haben Sie einen tiefen, erholsamen Schlaf, um morgens erholt aufzuwachen und voller Energie in den Tag zu starten.

Dankbarkeitstagebuch

In dem Dankbarkeitstagebuch geht es um positive Dinge, die Sie erleben. Damit lassen Sie den Tag Revue passieren und fokussieren sich dabei ausschließlich auf die guten Dinge und auf das, wofür Sie dankbar sind.

Kaufen Sie sich ein schönes Notizbuch und einen Stift. Legen Sie das Dankbarkeitstagebuch am besten auf Ihren Nachttisch und gehen Sie jeden Abend vor dem Schlafen für lediglich zwei bis drei Minuten wie folgt vor:

Setzen Sie sich entspannt ins Bett oder wo immer Sie möchten und atmen Sie erst einmal tief durch. Denken Sie über Ihren Tag und das, wofür Sie dankbar sind, nach. Selbst an einem schlechten Tag werden Sie Positives finden können.

Schreiben Sie mindestens drei Dinge auf, die schön waren und die Sie mit Dank erfüllen.

Anfangs könnte Ihnen diese Übung ein wenig schwerfallen. Hier eine kleine Unterstützung:

- Was ist Ihnen heute Gutes widerfahren?
- Worüber haben Sie sich heute gefreut?
- Hat Sie jemand heute ohne Grund angelächelt?
- Haben Sie etwas sehr Schönes gesehen?
- Wen in Ihrem Leben schätzen Sie besonders?
- Wer gibt Ihnen ein gutes Gefühl?
- Was gibt Ihnen Sicherheit?
- Haben Sie, was Sie wirklich brauchen?
- Sind Sie und Ihre Lieben gesund?

Schreiben Sie nur das auf, für das Sie wirklich Dankbarkeit empfinden und nicht das, wofür Sie dankbar sein sollten. Es muss nichts Großes sein, es kann eine winzige Kleinigkeit sein wie ein Schmetterling auf einer Blume in Ihrem Garten.

Ein paar Beispiele:

Ich bin dankbar…

- für meinen Partner, der mich versteht und liebt.
- für meinen Kollegen, der mir heute geholfen hat.
- für das Lächeln eines Fremden, dem ich auf der Straße begegnet bin.
- dafür, dass ich heute ein Projekt abschließen konnte.
- für den Sonnenuntergang, den ich gesehen habe.

- für das leckere Essen am Mittag.
- für den Frühling, der kommt und die Vögel, die fröhlich zwitschern.
- dafür, dass ich am Leben bin.

Affirmationen

Unter einer Affirmation versteht man einen bejahenden Satz, der immer wieder wiederholt werden sollte, um die eigenen Gedanken auf das Positive in uns selbst zu lenken. Diese Methode eignet sich besonders gut für Menschen, die sich viel zu wenig schätzen oder die unter einem geringen Selbstvertrauen leiden. Anstatt sich einzureden „Das kann ich nicht" und immerzu negativ zu denken, verändern Sie mit Affirmationen Ihre Gefühle und Ihr Verhalten auf eine positive Art und Weise. Ändern Sie Ihre Gedanken, werden sie sich entsprechend verhalten.

Fragen Sie sich zunächst, was Sie gerne an sich ändern möchten. Trauen Sie sich zu wenig zu? Haben Sie Bedenken, etwas zu schaffen? Formulieren Sie einen positiven Satz, der Ihnen dabei hilft, an sich zu glauben. Wie zum Beispiel

„Ich habe die Fähigkeiten und das Wissen, es zu schaffen."

Sagen Sie sich vor Ihrem geistigen Auge diese Sätze immer wieder vor. Wiederholen Sie sie so oft wie möglich. Achten Sie darauf, dass sie durchwegs positiv formuliert sind. Verwenden Sie niemals ein „aber", „nicht", „nie", „kein" usw.

Durch die Wiederholung von Affirmationen programmieren Sie Ihr Gehirn auf Positiv um und Sie beginnen, es zu glauben. Sie werden entsprechend handeln und dann tatsächlich auch Erfolg haben. Sie ersetzen Ihre Selbstzweifel und negativen Gedanken über sich selbst mit positiven.

Manche Menschen behaupten, dass Affirmationen sehr kurz gehalten werden und mit „Ich bin…“ beginnen sollten, wie „Ich bin selbstbewusst.“ Doch genau deshalb funktionieren Affirmationen bei machen Menschen nicht, denn Sätze wie diese rufen schnell Selbstzweifel hervor. Sagen Sie sich „Ich bin schön.“, kommen teilweise Gedanken auf wie *„Das ist doch Schwachsinn, ich finde meine Falten alles andere als schön.“* Damit geben Sie Ihrem Gehirn lediglich wieder Stoff an sich zu zweifeln und negativ zu denken.

Es funktioniert oft besser, wenn Sie die Affirmationen indirekt formulieren. Anstatt zu sagen *„Ich kann das.“* Sagen Sie also *„Ich habe die Fähigkeiten und das Wissen, es zu schaffen.“* oder *„Ich werde mein Bestes geben, um mein Ziel zu erreichen.“*

Wenn sich allerdings die direkte Formulierung für Sie gut anfühlt, verwenden Sie sie! Es mag bei „Ich kann das.“ besser funktionieren als mit „Ich bin schön.“ Beide Formulierungsweisen sind korrekt, nur birgt die direkte Form die Gefahr, dass Sie zu sehr daran zweifeln und damit negative Gedanken hervorrufen.

Wie finden Sie Ihre Affirmationen?

Nehmen Sie ein Blatt Papier und schreiben Sie nieder, was Sie gerne an sich ändern oder verstärken möchten. Möchten Sie ein Ziel erreichen, haben aber Zweifel, es zu bewerkstelligen? Möchten Sie geduldiger sein oder mehr Selbstvertrauen haben? Würden Sie gerne einen neuen Job oder einen Partner finden?

Fragen Sie sich danach, wie Sie Ihre Ziele erreichen können. Wenn Sie einen neuen Job möchten, was können Sie tun? Sie schreiben Bewerbungen, führen Gespräche und verhandeln das Gehalt. Bauen Sie den Weg zu Ihrem Ziel in Ihre Affirmationen ein. „Ich möchte einen neuen, tollen Job finden. Ich werde mich bewerben und zu Vorstellungsgesprächen eingeladen werden. Ich kann mit meiner Erfahrung und meinem Wissen überzeugen und werde die Arbeit bekommen."

Dies ist nur ein Beispiel. Spielen Sie ein wenig mit Ihren Sätzen, finden Sie heraus, ob Ihnen direkte, kurze Affirmationen besser liegen oder ob Sie mit diesen „Selbstgesprächen" mehr zurechtkommen. Sie können es kaum falsch machen, solange Ihre Sätze immer positiv formuliert sind. Hier noch ein paar Anregungen, die sich gut für Affirmationen eignen.

Ich kann, ich darf, es ist gut für mich, ich werde jeden Tag, immer mehr, ich freue mich auf…

Affirmationen können Ihnen auch bei Problemen helfen. Hier müssen Sie nur auf die bereits genannten Negativworte achten. Sagen Sie also nicht „Ich möchte keine Angst mehr haben." Damit weiß Ihr Gehirn nichts anzufangen. Was möchten Sie denn? Sagen Sie stattdessen „Ich bin angstfrei." Sagen Sie also nicht, was Sie NICHT möchten, sondern das, was Sie gerne hätten.

Vermeiden Sie zudem, Affirmationen mit etwas zu bilden, das außerhalb Ihrer Macht steht, wie zum Beispiel *„Mein Partner wird mich immer mehr lieben."* Sie können nicht durch Zauberhand die Gefühle Ihres Partners beeinflussen. Dieser hat seine eigenen Empfindungen und Gedanken. Sie haben es nicht in der Hand, andere zu ändern. Wenn Sie also möchten, dass Sie

Ihr Partner noch mehr liebt, müssen Sie darüber nachdenken, was Sie tun können, damit es so sein könnte.

Sagen Sie sich Ihre Affirmationen immer wieder selbst vor, sei es laut oder in Gedanken. Ganz egal, wo Sie sind. Machen Sie sich kleine Post-it Zettel, die Sie sich zur Erinnerung an Stellen kleben, an denen Sie häufig vorbeikommen. Schreiben Sie sie wiederholt zwischendurch auf. Die Visualisierung durch das Niederschreiben unterstützt die Wirkung.

Oft sehen Sie bereits nach ein paar Tagen erste Erfolge. Sie verinnerlichen die Worte so sehr, dass Sie sich tatsächlich stärker fühlen. Es kann jedoch auch vorkommen, dass es erst einmal schlimmer wird, bevor Sie vorwärtsgehen. Schließlich befassen Sie sich mit etwas Negativem und Sie werden sich dessen nun mehr und mehr bewusst. Doch diese Phase dauert nicht lange, keine Angst. Die neuen, positiven Gedanken werden sehr schnell die Führung übernehmen.

Halten Sie durch, wenn Sie am Anfang das Gefühl haben, dass die Affirmationen die Situation verschlechtern. Das ist ganz normal und wird vorübergehen. Es ist im Gegenteil ein Zeichen dafür, dass es funktioniert.

Und wenn Sie letztlich merken, dass Sie mit Ihren Affirmationen Erfolg haben, hören Sie nicht auf. Viele machen den Fehler, dass sie denken, sie würden sie nun nicht mehr brauchen. Es dauert noch viel länger, bis sie sich tief in Ihre Gedanken integriert haben. Sie sollten also weitermachen.

Affirmationen benötigen nicht viel Zeit und Sie können sich durch Spickzettel immer wieder daran erinnern, sie zu wiederholen. Mit der Zeit werden Sie sich im Laufe des Tages automatisch daran erinnern. Um ganz sicherzugehen, dass Sie Ihre Affirmationen nicht vergessen, nehmen Sie sie in Ihre Abendroutine mit auf.

Affirmationen wirken abends deshalb besonders gut, weil Sie sich kurz vor dem Einschlafen in einem sogenannten Alpha-Zustand befinden. Dies ist der Bereich zwischen dem Bewusstsein, das Sie am Tag haben und vor dem Schlaf. Wir sind in diesem Zustand, wenn wir aufwachen und einschlafen. Auch wenn Sie gerne Tagträumen nachgehen, Yoga machen oder Entspannungstechniken ausüben, befinden Sie sich im Alpha-Zustand. Selbst kreative Arbeit oder Musikhören kann uns in diesen Bereich bringen.

Und es ist genau dieser Zustand, in dem Affirmationen am besten funktionieren. Sie haben einen direkteren Zugang zu Ihrem Unterbewusstsein als im vollkommenen Wachzustand. Zudem sind unsere Gehirnhälften dann ausgeglichener, womit die linke Hälfte, die für die Logik zuständig ist, nicht Überhand nimmt und Emotionen und Visualisierungen besser zulässt. Sie können auf YouTube zahlreiche Affirmationen zu verschiedenen Themen finden, die Sie sich während des Einschlafens anhören können. Selbst wenn Sie bereits eingeschlafen sind, nimmt Ihr Unterbewusstsein die Affirmationen dennoch wahr. Somit programmieren Sie tatsächlich Ihr Unterbewusstsein im Schlaf. Am besten nehmen Sie Ihre eigenen Affirmationen auf und spielen sich diese während des Einschlafens vor. Ihre eigene Stimme verstärkt die Wirkung nochmals.

Erfolgstagebuch

Das Erfolgstagebuch soll Ihnen dabei helfen, sich immer wieder ins Bewusstsein zu rufen, welche Ergebnisse Sie bereits erzielt haben. Wenn Sie genau nachdenken, wird es Ihnen nicht leicht fallen, auf Anhieb Ihre letzten zehn Erfolge zu nennen. Sie werden sich sicherlich mehr an Ihre Fehlschläge erinnern können.

Mit dem Erfolgstagebuch verhält es sich ähnlich wie mit dem Dankbarkeitstagebuch. Sie werden sich ausschließlich auf etwas Positives konzentrieren, auf das, was Sie erreicht haben. Hier halten Sie Ihre Errungenschaften, Triumphe, positiven Erlebnisse und Leistungen fest. Dabei wird nicht gewertet, wie groß oder wie klein diese sind. Es kann der erfolgreiche Abschluss eines Auftrages sein oder ein amüsanter Abend mit Freunden.

Wie Sie diese Erfolge niederschreiben, liegt ganz bei Ihnen. Achten Sie auf eine Balance zwischen beruflichen und privaten Erfolgen. Sie können einen ganzen Roman verfassen oder lediglich Stichpunkte machen. Achten Sie jedoch darauf, dass Sie später noch nachvollziehen können, was Sie damit gemeint haben. Wenn Sie lediglich "Projektabschluss" notieren, wissen Sie eventuell nicht mehr, wie es dazu kam. Schreiben Sie auch den Weg auf, der Sie zum Erfolg geführt hat. Gehen Sie dabei so weit wie möglich ins Detail. Erleben Sie diese Momente noch einmal, während Sie sie aufschreiben.

Am besten schreiben Sie Ihre Erfolge in ein schönes Notizbuch per Hand. Der Effekt ist dabei am größten, da Sie sich das Geschriebene besser merken können. Aber selbstverständlich können Sie auch ein digitales Gerät benutzen.

Wichtig ist, dass Sie sich jeden Abend ein paar Minuten für diese Aufgabe Zeit nehmen. Schreiben Sie auf, worauf Sie stolz sind und was Sie besonders gefreut hat. Damit erreichen Sie, dass Ihre Gedanken vor dem Zubettgehen so sehr mit positiven Dingen beschäftigt sind, dass keine Zweifel aufkommen können.

Bleiben Sie dabei und schreiben Sie wirklich jeden Tag Ihre Erfolge nieder.

Wenn Sie möchten, markieren Sie den absoluten Höhepunkt des Tages farbig, sodass er sofort ins Auge sticht. Wenn Sie später einmal zurückblättern, werden Sie sofort daran erinnert.

Warum Sie ein Erfolgstagebuch schreiben sollten

Es bedarf ein wenig Zeit und Aufwand, ein Erfolgstagebuch zu schreiben, das ist richtig. Doch die positiven Effekte, die dadurch entstehen, sind es absolut wert. Studien haben gezeigt, dass Probanden, die drei ihrer Erfolge jeden Abend aufzeichneten, schon nach kurzer Zeit zufriedener mit sich waren. Sie gehen dadurch entspannter, glücklicher und voller optimistischer Gedanken schlafen. Es heißt sogar, dass das Schreiben eines Erfolgstagebuches die Kreativität fördert und sich positiv auf die Gesundheit auswirkt.

Wenn Sie mal wieder an sich zweifeln und demotiviert sind und denken, sie könnten etwas nicht schaffen, blättern Sie in Ihrem Erfolgstagebuch. Sie sehen sofort, was Ihnen schon alles gelungen ist. Warum sollte es jetzt nicht klappen? Sie steigern Ihr Selbstvertrauen und können mit Problemen und Rückschlägen besser umgehen. Sie konzentrieren sich verstärkt auf die positiven Dinge und lernen, optimistischer zu denken. Sie haben es tatsächlich schwarz auf weiß: Sie sind erfolgreich!

Wenn Sie sehen, dass Ihnen all diese kleinen Schritte gelungen sind, trauen Sie sich zudem auch größere Ziele zu. Teilen Sie sie lediglich in mehrere Meilensteine auf. Schreiben Sie jeden noch so kleinen Schritt auf, den Sie gemacht haben – ein Schritt näher am großen Ziel.

Sie können den Titel dieses Buches beim Wort nehmen und lediglich 10 Minuten am Tag investieren, um positiver zu denken. Dazu empfehle ich Ihnen, die Methoden aus den zwei vorangegangenen Kapiteln für jeweils 2 Minuten auszuführen. Wenn Sie zusätzlich zum Einschlafen eine Affirmation mit positiven Glaubenssätzen anhören, sei es selbst aufgenommen oder ein Youtube-Video, verstärken Sie diese Übungen noch, ohne noch mehr Zeit aufwenden zu müssen. Um sich eine neue Gewohnheit anzueignen, sollten Sie, wie schon erwähnt, sowieso klein anfangen. Schon zwei Minuten je Methode für die Morgen- und Abendroutine reichen anfangs bereits aus, um deutliche Effekte zu spüren. Sie werden die kleinen und großen Erfolge sehr schnell sehen können, die Sie wiederum dazu motivieren, sich zu steigern.

Danksagung

Vielen Dank, dass sie sich zum Kauf dieses Buches entschieden haben. Ich hoffe, dass ich Sie dazu inspirieren konnte, einige dieser Konzepte in ihr Leben zu integrieren.

Es liegt an Ihnen, wie Sie Ihr Leben gestalten. Ich wünsche Ihnen von Herzen viel Glück und Erfolg dabei!

Autor: Akio Fischer

Verleger: David Netsch

Impressum

Angaben gemäß §5 TMG

David Netsch

Georg-Reismüllerstraße 31

80999 München

Telefon: +4917680201821

E-Mail: netschdavid@gmail.com

Printed in Germany
by Amazon Distribution
GmbH, Leipzig

29098820R00084